Aufläufe & Gratins

Ulrike Bültjer

Aufläufe & Gratins

Die Gerichte für dieses Buch fotografierte
Ulrich Kerth

Bassermann

Inhalt

Heiße Hits: Aufläufe und Gratins 6
Alles rund ums Thema

Was sind Aufläufe und was sind Gratins? 6
Die ideale Gästebewirtung 7
Pfiffige Resteverwertung 7
Die wichtigsten Käsesorten 8
Die ideale Form 9
Die richtige Pflege 10
Tips zu den Rezepten 11

Hier mischt Fleisch mit 12
Aufläufe und Gratins mit Fleisch, Wurst und Geflügel

Rübchenauflauf mit Schweinefilet und Gorgonzola 14
Gemüse-Salami-Gratin mit Schafskäse 16
Spinat-Schinken-Auflauf 17
Lamm-Gemüse-Auflauf 18
Rucolagratin mit Geflügelleber und Mozzarella 20
Wirsinggratin mit Hackfleisch und Ziegenkäse 22
Möhren-Lauch-Gratin mit Leberkäse 23
Sauerkraut-Apfel-Auflauf 24
Fleischwurstgratin 26
Sellerieauflauf mit Roquefort 27
Ricotta-Tomaten-Gratin 28
Auberginen-Hackfleisch-Auflauf 29
Gurkenmoussaka 30
Mexikanisches Tortillagratin 32
Schweizer Champignongratin 34
Weißkohlauflauf mit Trauben und Walnüssen 35
Spanischer Eierauflauf 36
Südafrikanischer Hackfleisch-Brot-Auflauf 37

Fangfrisches für Feinschmecker 38
Aufläufe und Gratins mit Fisch und Meeresfrüchten

Provenzalisches Kabeljaugratin 40
Bücklingsgratin mit Kartoffelbrei 42
Lauch-Räucherlachs-Gratin 43
Gratinierte Jakobsmuscheln 44
Wirsing-Thunfisch-Gratin 46
Garnelen mit Kräuterhaube 47
Überbackene Forellenfilets 48
Meeresfrüchteauflauf 50
Immer gut in Schale – das Ei 52
Fisch-Krabben-Auflauf 54
Matjes-Kartoffel-Auflauf 55
Schellfisch-Tomaten-Gratin 56
Fischgratin mit Sherrysauce 57
Bunter Räucherfischauflauf 58
Lengfisch mit Käsekruste 60
Thunfisch-Gemüse-Gratin 61
Seelachs-Gemüse-Gratin mit Nußkruste 62
Lasagne mit Scholle und Mittelmeergemüse 64

Gesundes in Bestform – Gemüse 66
Aufläufe und Gratins mit Gemüse

Kürbis-Möhren-Auflauf 68
Kohlrabi-Zuckerschoten-Auflauf 69
Eier-Mangold-Gratin 70
Frühlingsgemüsegratin 72

Rosenkohl-Maronen-Auflauf 73
Karamelisiertes Süßkartoffel-Kohlrabi-Gratin 74
Paprikagratin mit Nußkruste 76
Tomaten-Sprossen-Auflauf 77
Papaya-Sellerie-Gratin 78
Ratatouillegratin 80
Gemüse-Pfannkuchen-Gratin 81

Großer Auftritt für Nudeln, Kartoffeln und Co. 82
Aufläufe und Gratins mit Kartoffeln, Reis, Nudeln und Getreide

Grünkern-Mozzarella-Gratin mit Tomaten 84
Kartoffel-Käse-Gratin 86
Kartoffel-Wirsing-Auflauf 87
Bulgur-Rüben-Auflauf mit Bergkäse 88
Hirse-Gemüse-Auflauf 90
Rucola-Reis-Gratin 91
Stück für Stück ein Hochgenuß – Käse 92
Nudelauflauf vom Blech 94
Zucchini-Tortellini-Gratin 96
Überbackene Rigatoni 97
Lammpilaw mit Datteln und Feigen 98
Fruchtiges Hähnchengratin mit Reis 100
Fisch-Reis-Gratin mit Kokoskruste 101
Kartoffel-Krabben-Gratin 102
Bündner Maisgrießauflauf mit Speck 103

Eine süße Sünde wert 104
Aufläufe und Gratins mit Obst und süßen Zutaten

Brötchenauflauf mit Pfirsichen 106
Apfel-Kürbis-Gratin mit Nußhaube 108
Ananas-Quark-Auflauf 109
Zwetschgenauflauf 110
Waldbeeren-Mandel-Gratin 112
Grapefruit-Mascarpone-Gratin 113
Schokoladen-Orangen-Auflauf 114
Birnenauflauf mit Schuß 116
Exotisches Ricotta-Früchte-Gratin 118
Feigenauflauf 120
Französischer Kirschenauflauf 121
Orientalischer Apfel-Reis-Auflauf 122

Von A bis Z 124
Rezepte und Schlagwörter auf einen Blick

Für Sie an Feder und Auslöser 125
Über Autorin und Fotograf

Gesucht – gefunden! 126
Rezeptverzeichnis nach Rubriken

Heiße Hits: Aufläufe und Gratins

Brodelnd heiß kommen sie aus dem Ofen und betören uns mit ihrem verführerischen Duft. Noch verbirgt die zarte Kruste aus Käse, Kernen und anderen Köstlichkeiten ihr saftig-luftiges Innenleben. Doch schon der Anblick ist einfach unwiderstehlich. Dann folgt der erste Biß, und schon fühlt man sich wie im Schlaraffenland. Erfahrene Hobbyköche wußten schon lange, was sich auch nach Umfragen immer wieder bestätigt: Aufläufe und Gratins sind die Lieblingskinder der deutschen Küche. Und

das aus gutem Grund. Es gibt sie für jeden Geschmack und jeden Geldbeutel, sie sind praktisch in der Zubereitung und lassen sich äußerst dekorativ servieren. Ob mit Fleisch oder Geflügel, Fisch oder Meeresfrüchten, Reis, Nudeln, Kartoffeln und Getreide oder gar mit Obst und Kuchen, garantiert werden auch Sie Ihren Favoriten finden.

Was sind Aufläufe und was sind Gratins?

Küchentechnisch gibt es keine ganz klare Abgrenzung, doch in der Praxis hat sich folgender Unterschied herausgebildet: Aufläufe sind eine Mischung aus mehreren Zutaten, die je nach Beschaffenheit noch vorgegart oder blanchiert werden. Nur Lebensmittel mit kurzen Garzeiten, wie zum Beispiel Meeresfrüchte, Fisch und Obst, werden roh verarbeitet. Alle Zutaten werden entweder miteinander vermischt oder „in Form“ gebracht. Darauf gibt man einen Guß aus Eiern, Sahne, Milch, Crème fraîche oder geriebenem Käse. Gebacken wird der Auflauf normalerweise bei mittlerer Hitze, also bei 175 bis 200° C (Gas: Stufe 2–3). Generell gilt: Je höher die Zutaten geschichtet sind, desto höher ist die Backtemperatur.

Gratins bestehen meistens aus nur einer, höchstens aber zwei Schichten, die in einer flachen Form angeordnet werden. Auch hier sind die Zutaten meistens vorgegart oder so dünn geschnitten, daß sie nur eine kurze Garzeit benötigen. Im Gegensatz zum Auflauf bekommt das Gratin keine Eiermilch, sondern entweder eine Sauce oder einfach nur Sahne, eine Mischung aus Öl und Semmelbröseln oder aber auch nur ein paar Butterflöckchen und geriebenen Käse. Eine schöne Kruste bekommt das Gratin, wenn es auf der mittleren Schiene und bei etwa 225° C (Gas Stufe 4) gebacken wird.

Wenn Gäste kommen, sind Aufläufe genau das richtige. Sie lassen sich schnell und unkompliziert vorbereiten und sind äußerst variationsfähig.

Die ideale Gästebewirtung

Kaum eine andere Mahlzeit läßt sich so gut vorbereiten wie ein Auflauf oder ein Gratin. Deshalb haben Sie mit den Rezepten in diesem Buch die ideale Lösung, wenn sich Gäste angesagt haben. Kochen Sie Kartoffeln, Nudeln, Reis oder Getreide schon Stunden vorher. Das Gemüse können Sie putzen, kleinschneiden und blanchieren, ebenso das Fleisch oder das Geflügel anbraten. Schichten Sie anschließend alle vorbereiteten Zutaten in eine gefettete Auflauf- oder Gratinform und stellen Sie diese in den Kühlschrank. Auch die Sauce oder „Haube", ganz gleich, ob nun Béchamel- oder Käsesauce, Eiermilch oder einfach nur Eiweiß, können Sie im voraus zubereiten, anrühren oder steif schlagen und danach kühl stellen. So haben Sie genug Zeit, um die Küche aufzuräumen, den Tisch perfekt zu decken und sich umzuziehen. Kurz bevor die Gäste eintreffen, gießen Sie nur noch die Sauce über die Zutaten und schieben das Ganze in den vorgeheizten Ofen. Und während das Essen darin gart, können Sie sich in aller Ruhe um Ihre Gäste kümmern und genießen mit ihnen den Aperetif.

Pfiffige Resteverwertung

Aufläufe und Gratins sind eine ideale Resteverwertung. Wenn vom Vortag Kartoffeln, Reis oder Nudeln übriggeblieben sind, kombinieren Sie sie doch einfach mit Wurst, Schinken oder Bratenresten. Aber auch mit Gemüse, Käse oder Eiern werden daraus schmackhafte Gerichte. Ihrer Phantasie sind bei der Kreation neuer Rezepte keine Grenzen gesetzt. Einige Vorschläge für Rezeptvariationen finden Sie bei den Tips zu den einzelnen Rezepten. Wenn Sie Kärsereste verwenden wollen, sollten Sie wegen der verschiedenen Schmelzzeiten möglichst nur gleiche Sorten verwenden.

Die wichtigsten Käsesorten

Das A und O eines Auflaufs oder eines Gratins ist die knusprige Kruste und der zarte Schmelz. Und dafür ist Käse unerläßlich. Dabei ist es nicht gleichgültig, welchen Käse Sie nehmen und wie Sie ihn behandeln. Hier ein Überblick über die Käsesorten, die zum Überbacken am besten geeignet sind:

- Wahre Schmelzkünstler sind Appenzeller, mittelalter Gouda, Edamer, Tilsiter, Havarti, Fontina und Raclettekäse. Sie enthalten viel Fett, aber wenig Wasser und ziehen daher beim Überbacken keine Fäden. Man kann sie gut in Scheiben schneiden oder grob raspeln und auf den Auflauf geben oder in einer Sauce schmelzen lassen. Auch halbfester Schnittkäse, wie z. B. deutscher Butterkäse, italienischer Bel Paese oder dänischer Esrom, haben eine cremige Konsistenz. Sie sind darüber hinaus mildwürzig im Geschmack, schmelzen sehr gut und lassen sich ideal schneiden. Daher sind auch sie ein idealer Belag, ganz gleich, ob in Scheiben geschnitten oder geraffelt. Besonders kroß wird die Kruste, wenn Sie die Käsescheiben mit etwas zerlassener Butter bestreichen.
- Bergkäse, Emmentaler, Comté und Gruyère, auch Greyerzer genannt, lassen sich am besten grob raspeln. Sie schmecken sehr pikant und entfalten ihr Aroma sowohl allein als auch zusammen mit Butter und Semmelbröseln oder in einer Sauce.
- Sehr fein reiben lassen sich besonders gut Parmesan, alter Gouda, Pecorino, Cheddar und mittelalter Provolone. Da die aromatisch-würzigen Käse jedoch sehr trocken sind, verbrennen sie leicht. Deshalb sollten Sie diese Sorten immer mit Butterflöckchen vermischen oder den Auflauf bzw. das Gratin gegen Ende der Garzeit mit Pergamentpapier oder Alufolie abdecken.

Saftige Weiden und frische Bergluft sorgen für gute Milch. In den zahlreichen Käsereien der Alpenregionen werden daraus die köstlichsten Käsesorten hergestellt.

✸ Mozzarella und die anderen Frischkäse wie Quark, Schichtkäse, Doppelrahm-Frischkäse und körniger Frischkäse, auch Cottage Cheese oder Hüttenkäse genannt, sowie der aus Italien kommende, sehr fetthaltige und cremige Mascarpone und der zart-krümelige Ricotta verleihen Aufläufen und Gratins einen besonders sahnigen, milden Schmelz.

✸ Blauschimmelkäse, wie z. B. Gorgonzola, Roquefort und Blue Stilton, werden am besten in einer Béchamelsauce geschmolzen, mit Crème fraîche, Sahne oder Frischkäse verrührt oder in Scheiben auf den Auflauf bzw. auf das Gratin gelegt.

✸ Schafs- und Ziegenkäse verleiht mediterranen Gerichten den typischen Geschmack. Es gibt ihn in Salzlake eingelegt, aber auch als Hartkäse, wie z. B. italienischen Pecorino oder spanischen Manchego. Kaufen Sie Käse immer frisch an der Käsetheke ein. Er schmeckt aromatischer als abgepackte Ware aus dem Kühlregal und Sie bekommen genau die Menge, die Sie für ein Rezept benötigen.

Die ideale Form

Das Angebot an Auflauf- und Gratinformen ist riesig und nahezu unüberschaubar. Doch ganz gleich, ob rund, rechteckig oder oval, flach oder hoch, bunt oder einfarbig, eines sollten alle Formen auf jeden Fall aushalten: eine Ofenhitze von bis zu 250° C. Diese sogenannten hitzebeständigen Formen gibt es aus unterschiedlichen Materialien in guten Haushaltsfachgeschäften und Kaufhäusern. Die Vor- und Nachteile der gängigsten Sorten sind Ihnen hier kurz dargestellt.

✸ Steingut-, Keramik- und Tonformen leiten die Hitze sehr sanft und beständig. Die Aufläufe und Gratins bekommen darin eine schöne Kruste, ohne daß dabei das Innere zu heiß wird und austrocknet. Es dauert nämlich eine Weile, bis die Hitze durch die dicken Wände dringt. Achten Sie darauf, daß die Formen durchgehend glasiert sind, und fragen Sie im Zweifelsfall nach, ob die Glasur lebensmittelecht ist. Viele dieser Formen lassen sich übrigens auch in der Mikrowelle verwenden.

✸ Glasformen haben den großen Vorteil, daß man auf einen Blick gleich ihr „Innenleben" sieht. Zudem passen sie sich jedem Geschirrstil an, ganz gleich, ob edel oder rustikal. Feuerfeste Glasformen sind in der Regel sowohl hitze- als auch kältebeständig. Das ist besonders praktisch, da man in ihnen die Gerichte vorbereiten, einfrieren, dann aus der Tiefkühltruhe im Backofen zubereiten kann.

✸ Metallformen können aus Edelstahl, Aluminium, Gußeisen oder emailliertem Gußeisen sein. Diese Materialien leiten die Hitze direkt und schnell weiter. Das Innere erwärmt sich rasch, die Garzeit kann sich dadurch sogar geringfügig verkürzen. Ein

weiterer Vorteil: Der Auflauf bleibt in diesen Formen sehr lange heiß. Ideal ist die Fettpfanne des Backofens oder ein tiefes Backblech, wenn von dem Auflauf eine größere Personenzahl satt werden soll.
Spezielle Gratinformen sind im Vergleich zu Auflaufformen großflächiger und haben einen niedrigeren Rand. Generell kann jede Auflaufform jedoch für Gratins verwendet werden und umgekehrt gilt dies, soweit die Form die entsprechende Größe besitzt, natürlich auch. Kleine Portionsförmchen für Aufläufe oder Gratins sind besonders dekorativ und eignen sich daher sehr gut für die Gästebewirtung. Ein weiterer Vorteil: So können Sie ein Gericht auch für 2 Personen oder sogar für sich alleine zubereiten. Die Backzeit in den kleinen Formen verringert sich, verglichen mit der Angabe für 4 Personen, um 20 bis 30 %.

Die richtige Pflege

Formen aus Glas und Keramik lassen sich in der Spülmaschine reinigen. Ton- und Metallformen sollten Sie dagegen am besten mit der Hand abwaschen. Das gilt auch für Formen, in denen Krusten ihre Spuren hinterlassen haben. Füllen Sie sie mit heißem Wasser und weichen Sie sie einige Stunden ein. Säubern Sie sie dann mit einem Schwamm, und spülen Sie sie danach gründlich mit Butter, Margarine oder Öl aus. Um eingebrannten Speiseresten vorzubeugen, sollten Sie die Form gründlich ausfetten, ehe sie die Zutaten hineingeben. Sie können die Form zusätzlich mit Semmelbrösel oder Mehl ausstreuen. Wenn Sie darüber hinaus vor dem Backen den Rand so weit wie möglich säubern, gibt es weniger hartnäckige Krusten in der Form.

Tips zu den Rezepten

Bevor wir Ihnen nun die ganze Vielfalt der Aufläufe und Gratins vorstellen, hier noch einige Tips zum Umgang mit den Rezepten.

Die Portionsangaben
Wir haben die Gerichte als sättigende Hauptmahlzeit für 4 Personen vorgesehen. Abweichungen davon sind im Rezeptkopf angegeben.

Die Zubereitungszeit
Hier geben wir die Zeit an, die Sie benötigen, um das ganze Gericht zuzubereiten. Sollten dabei längere Zeitspannen auftreten, in denen Sie nichts zu tun haben, so haben wir diese gesondert in Klammern als Back-, Quell-, Kühlzeit usw. aufgeführt. Alle Zeitangaben beruhen auf durchschnittlichen Erfahrungswerten. Aufgrund der Beschaffenheit der Zutaten, des Kochgeschirrs oder von Herden und Backöfen können diese Zeitangaben geringfügig von der tatsächlich benötigten Zeit abweichen.

Die Kalorienangaben
Sie beziehen sich immer auf 1 Portion des Gerichts.

Die Beilagentips
Hier finden Sie besonders gut zum Gericht passende „Begleiter".

Die Zutatenmengen
Wenn nicht anders angegeben, gehen wir von ungeputzter Rohware aus. Das ermöglicht Ihnen ein unkompliziertes Einkaufen nach der im Rezept angegebenen Zutatenliste. Eine Ausnahme bilden hier allerdings fertig gehackte Kräuter, die es tiefgefroren zu kaufen gibt. Sie können die angegebene Kräutermenge selbstverständlich durch frische Ware ersetzen, die Sie dann noch zerkleinern. Dabei entsprechen 2 Eßlöffel gehackte Kräuter in etwa 1/2 Bund frischer Kräuter.
Bei Stückangaben (z. B. 1 Zucchini) beziehen wir uns auf ein Stück mittlerer Größe.

Die Backofentemperaturen
Sie beziehen sich auf den Elektroherd mit Ober- und Unterhitze. Wenn Sie mit Umluft arbeiten, reduzieren Sie die Temperatur um 15 bis 20 %. Die Backzeit bleibt gleich.

Tips vom Küchenteam
Sie finden hier nützliche Informationen zur Küchenpraxis. Darüber hinaus erhalten Sie von uns Anregungen, wie Sie einzelne Zutaten austauschen oder das Gericht auch einmal auf andere Art zubereiten können.

Infotexte
In den Rezeptteil dieses Buches haben wir kleine Infotexte eingestreut, die Ihnen besonders interessante Dinge über einzelne Zutaten und vieles andere zu den Rezepten verraten. Um Ihnen den Zugriff auf diese Informationen zu erleichtern, haben wir die Überschriften der Texte in das alphabetische Rezept- und Schlagwortverzeichnis auf der Seite 124 aufgenommen.

Die Abkürzungen

TL	=	Teelöffel (gestrichen)
EL	=	Eßlöffel (gestrichen)
g	=	Gramm (1000 g = 1 kg)
kg	=	Kilogramm
ml	=	Milliliter (1000 ml = 1 l)
l	=	Liter
kcal	=	Kilokalorien
ca.	=	circa
°C	=	Grad Celsius
TK-…	=	Tiefkühl-…
Ø	=	Durchmesser
Min.	=	Minuten
Std.	=	Stunde(n)
cm	=	Zentimeter
mm	=	Millimeter
P.	=	Päckchen/Packung
getr.	=	getrocknete

Die Autorin und die Kochbuchredaktion wünschen Ihnen viel Vergnügen beim Schmökern im Buch und viel Freude beim Nachkochen der Rezepte.

Hier mischt Fleisch mit

Appetit auf etwas Handfestes? Dann sollten Sie bei diesen leckeren Aufläufen und Gratins ruhig zweimal zulangen. Aromatisches Fleisch, deftige Wurstspezialitäten und zartes Geflügel spielen hier die Hauptrolle. Zusammen mit schmackhaftem Gemüse, würzigen Saucen und einem feinen Käseschmelz werden daraus heißbegehrte Köstlichkeiten, die auch den größten Bärenhunger stillen können. Und während die herzhaften Prachtstücke im heißen Ofen so dahinschmurgeln, bleibt noch genügend Zeit, einen knackigen Salat oder ein raffiniertes Dessert zuzubereiten, sich intensiv um die Gäste zu kümmern oder einfach nur für ein bißchen Muße. Kein Wunder, daß Aufläufe weltweit zu den absoluten Küchenfavoriten gehören. Wir haben für Sie die besten Rezepte zusammengetragen, bodenständige und exotische, altbewährte und viele, viele neue.

Rübchenauflauf mit Schweinefilet und Gorgonzola

Zutaten

300 g Pastinaken
300 g Möhren
300 g Steckrüben
1 Zwiebel
400 g Schweinefilets
2 EL Öl
etwas Salz
schwarzer Pfeffer
etwas Butter für die Form
3 Zweige Koriander
250 g Gorgonzola
4 Eier
250 g Vollmilchjoghurt
etwas frisch geriebene Muskatnuß

würzig · aromatisch

- Für 4 Personen
- Zubereitungszeit: ca. 1 1/4 Std. (davon 20 Min. Backzeit)
- ca. 700 kcal je Portion

1. Die Pastinaken waschen, schälen und in Scheiben schneiden. Diese in wenig kochendem Wasser etwa 20 Minuten garen.

2. In der Zwischenzeit die Möhren und die Steckrübe waschen und schälen. Die Möhren in dünne Scheiben, die Steckrübe zuerst in Scheiben, dann in 3 bis 4 cm lange, dünne Stifte schneiden. Beides getrennt in wenig Wasser etwa 10 Minuten garen.

3. Während der Kochzeit des Gemüses die Zwiebel schälen und sehr fein hacken. Die Schweinefilets kalt abspülen und mit Küchenpapier trockentupfen. Eventuell noch vorhandene Häutchen und Fettstücke sorgfältig entfernen. Das Fleisch zuerst in 1 cm dicke Scheiben, dann in Streifen schneiden.

4. Die Filetstreifen in 1 1/2 Eßlöffel Öl von allen Seiten anbraten, mit Salz und Pfeffer würzen, herausnehmen und beiseite stellen.

5. Das restliche Öl in der Pfanne erhitzen, die Zwiebelwürfel darin glasig dünsten und sie danach zu den Filetstreifen geben. Den Ofen auf 200° C vorheizen.

6. Das gegarte Gemüse in einem Sieb sorgfältig abtropfen lassen. Eine feuerfeste Form mit der Butter ausfetten. Den Koriander kalt abspülen und trockentupfen. Die Blätter von den Stielen zupfen und fein hacken. Den Gorgonzola entrinden und würfeln oder mit einer Gabel zerdrücken.

7. Abwechselnd Pastinaken, Filetstreifen, Korianderblättchen, Möhren und Steckrüben in die Form schichten.

8. Die Eier zusammen mit dem Joghurt und dem Gorgonzola in eine Schüssel geben und mit einem Schneebesen verquirlen. Die Mischung mit Salz, Pfeffer und Muskat würzen und über den Auflauf gießen. Den Auflauf auf der mittleren Schiene etwa 20 Minuten backen.

Tips *vom Küchenteam*

- *Wenn Sie keine Pastinaken bekommen, nehmen Sie statt dessen weiße Herbstrüben (Naretten bzw. Teltower Rübchen) oder auch Kartoffeln.*
- *Noch feiner wird der Auflauf, wenn Sie das Schweinefleisch durch die gleiche Menge Kalbs- oder Rinderfilet ersetzen.*
- *Sollten Sie einen Schnellkochtopf besitzen, können Sie das Gemüse auch darin vorgaren. Die Kochzeit beträgt auf diese Weise nur 7 Minuten für jede Sorte.*

Pastinaken

Sie hatten sich rar in unseren Töpfen gemacht, doch nun feiern Pastinaken ein kulinarisches Comeback. Die weißen bis gelblichbraunen Rüben, die im Geschmack ein bißchen an Möhren und an Sellerie erinnern, sind ausgesprochen vielseitig und gesund. Sie eignen sich bestens als Gemüse, Salat, würzige Rohkost oder herzhafter Eintopf. Die auch „weiße Möhren" oder Hammelmöhren genannten Rüben enthalten reichlich Vitamine und Mineralstoffe und sind ein ausgesprochen kalorienarmer Genuß. Pastinaken bekommt man ab Oktober den ganzen Winter durch. Achten Sie beim Einkauf auf straffe Haut und feste Wurzeln. Pastinaken sollten Sie nicht länger als 4 Tage aufbewahren.

Zutaten

1 grüne Paprikaschote
1 gelbe Paprikaschote
2 Zwiebeln
1 kleine Aubergine
2 Fleischtomaten
etwas Butter für die Form
etwas Salz
schwarzer Pfeffer
200 g italienische Salami
100 g Sahne
150 g passierte Tomaten (Fertigprodukt)
1 EL getr. Salbei
etwas Paprikapulver edelsüß
etwas Cayennepfeffer
50 g Kaschkawal (bulgarischer Schafskäse)
50 g Parmesan (am besten frisch gerieben)
2 EL Semmelbrösel

Gemüse-Salami-Gratin mit Schafskäse

würzig · mediterran

- Für 4 Personen
- Zubereitungszeit: ca. 1 Std. (davon 1/2 Std. Backzeit)
- ca. 540 kcal je Portion

1. Die Paprikaschoten putzen, waschen und halbieren, entkernen und die Stielansätze entfernen. Das Fruchtfleisch in Streifen schneiden. Die Zwiebel schälen und klein würfeln.

2. Die Aubergine waschen und vom Stielansatz befreien, anschließend in Scheiben schneiden. Die Tomaten über Kreuz einritzen, etwa 15 Sekunden in kochendes Wasser geben und danach kalt abschrecken, enthäuten, die Stielansätze herausschneiden und das Fruchtfleisch in Scheiben schneiden.

3. Den Backofen auf 250° C vorheizen. Eine Gratinform mit der Butter ausfetten. Das Gemüse dekorativ in die Form schichten, mit Salz und Pfeffer würzen und die Salamischeiben darauf legen.

4. Die Sahne mit den passierten Tomaten verrühren, mit Salbei, Salz, Paprikapulver und Cayennepfeffer pikant abschmecken und gleichmäßig auf dem Gratin verteilen.

5. Den Kaschkawal grob raspeln, mit dem Parmesan und den Semmelbröseln vermischen und über das Gratin streuen. Das Ganze auf der mittleren Schiene im Ofen etwa 30 Minuten goldbraun backen.

Tips *vom Küchenteam*

- *Probieren Sie anstelle der italienischen Salami auch einmal Lammsalami. Sie macht das Gratin noch pikanter.*
- *Den Kaschkawal können Sie durch normalen Schafskäse oder auch durch zerbröckelten Feta ersetzen.*
- *Seien Sie sparsam beim Umgang mit Salz. Der Kaschkawal ist schon recht salzig.*

Zutaten
1 kg Blattspinat
120 g rote Zwiebeln
200 g roher Schinken (in Scheiben)
$2^1/_2$ EL Butter
4 Eier
4 EL Milch
etwas Salz
schwarzer Pfeffer
etwas frisch geriebene Muskatnuß
150 g Appenzeller (am Stück)

Spinat-Schinken-Auflauf

deftig · schnell

- Für 4 Personen
- Zubereitungszeit: ca. 40 Min. (davon 20 Min. Backzeit)
- ca. 530 kcal je Portion

1. Den Spinat verlesen und mehrmals gründlich waschen. Anschließend tropfnaß in einen großen Topf geben und zugedeckt bei mittlerer Hitze in etwa 3 Minuten zusammenfallen lassen. Das Gemüse in einem Sieb gut abtropfen lassen und danach fein hacken.

2. Die Zwiebeln schälen und klein würfeln. Den Schinken zuerst in etwa 3 mm breite Streifen, dann in kleine Würfel schneiden.

3. $1^1/_2$ Eßlöffel Butter in einer Pfanne zerlassen. Die Zwiebelwürfel darin glasig dünsten. Danach den Spinat und die Schinkenwürfel daruntermengen und das Ganze noch etwa 3 Minuten dünsten. Die Mischung dabei umrühren. Den Ofen auf 225° C vorheizen.

4. Die Gemüse-Schinken-Masse vom Herd nehmen und kurz abkühlen lassen. In der Zwischenzeit die Eier mit der Milch verquirlen, mit Salz, Pfeffer und Muskatnuß würzen und danach mit dem Spinat verrühren. Dieser sollte nicht zu heiß sein, da die Eier sonst stocken.

5. Eine Auflaufform mit $^1/_2$ Eßlöffel Butter ausfetten. Den Käse entrinden und fein reiben. Die Spinatmischung in die Form geben, alles mit dem geriebenen Käse bestreuen und die restliche Butter in Flöckchen darauf legen.

6. Den Auflauf im heißen Backofen auf der mittleren Schiene etwa 20 Minuten backen, bis der Käse geschmolzen ist.

Tip *vom Küchenteam*

- *Sie können den Spinat durch die gleiche Menge Mangold, Sauerampfer oder Wirsing ersetzen. Allerdings sollten Sie dann den zerkleinerten Mangold oder Wirsing etwa 5 Minuten in wenig Fleischbrühe oder Weißwein vorgaren.*

Lamm-Gemüse-Auflauf

Zutaten
500 g vorw. festkochende Kartoffeln
300 g Zucchini
300 g Tomaten
2 Zwiebeln
2 Knoblauchzehen
5 EL Öl
500 g Lammfilets
1 kleine Dose geschälte Tomaten (250 g Abtropfgewicht)
4 EL Rotwein
etwas Salz
schwarzer Pfeffer
1 TL gemahlener Zimt
1 TL getr. Thymian
etwas Kreuzkümmel
etwas Fett für die Form
6 EL Milch
100 g Frischkäse mit Kräutern
1 Eigelb
1 Bund Minze

griechisch · sehr würzig
- Für 4 Personen
- Zubereitungszeit: ca. 1 1/2 Std. (davon 1/2 Std. Backzeit)
- ca. 510 kcal je Portion

1. Die Kartoffeln waschen, schälen und mit einem Gemüsehobel in hauchdünne Scheiben schneiden. Die Zucchini waschen und von den Stiel- und Blütenansätzen befreien, danach in dünne Scheiben schneiden.

2. Die Tomaten über Kreuz einritzen, für etwa 15 Sekunden in kochendes Wasser geben und danach abschrecken. Anschließend enthäuten und von den Stielansätzen befreien. Das Fruchtfleisch in Scheiben schneiden.

3. Die Zwiebeln und den Knoblauch schälen und beides sehr fein hacken. 2 Eßlöffel Öl in einer Pfanne erhitzen und die Kartoffelscheiben darin etwa 5 Minuten von beiden Seiten anbraten, dann herausnehmen und beiseite stellen.

4. 1 Eßlöffel Öl in der Pfanne erhitzen. Zuerst die Zwiebel und die Knoblauchwürfel darin glasig dünsten, dann die Zucchinischeiben kurz mit anbraten. Beides anschließend herausnehmen und beiseite stellen.

5. Das Lammfilet kalt abspülen, mit Küchenpapier trockentupfen und zuerst in dünne Scheiben, dann in Streifen schneiden. Die restlichen 2 Eßlöffel Öl in der Pfanne erhitzen und die Fleischstreifen darin unter mehrfachem Wenden in etwa 3 Minuten anbraten, dann herausnehmen und beiseite stellen.

6. Die geschälten Tomaten zusammen mit der Flüssigkeit in einen Topf gießen und mit einer Gabel zerdrücken. Den Rotwein dazugeben und alles mit Salz, Pfeffer, Zimt, Thymian und Kreuzkümmel würzen. Die Sauce etwa 5 Minuten einkochen lassen.

Lamm gehört in Griechenland zu den bevorzugten Fleischsorten, denn Schafe können sich in den kargen Berglandschaften gut anpassen.

7. Den Ofen auf 200° C vorheizen. Eine Auflaufform ausfetten. Schichtweise Kartoffeln, Tomatenscheiben, Fleischstreifen, Tomatensauce und Zucchini hineinschichten. Die letzte Schicht sollte aus Kartoffelscheiben bestehen.

8. Die Milch zusammen mit dem Käse in einen Topf geben und den Käse darin bei schwacher Hitze schmelzen lassen. Den Topf von der Herdplatte ziehen, das Eigelb darunterrühren und die Sauce danach sofort auf den Kartoffelscheiben verteilen.

9. Den Auflauf im heißen Ofen auf der mittleren Schiene etwa 30 Minuten backen. Inzwischen die Minze kalt abspülen und trockentupfen. Die Blätter von den Stielen zupfen und den Auflauf vor dem Servieren damit garnieren.

Tips *vom Küchenteam*

- *Sie können die Kartoffeln auch durch die gleiche Menge gekochte Nudeln ersetzen. So lassen sich Reste weiterverwenden.*
- *Das Lammfilet können Sie durch Lammhackfleisch oder durch Rinderfilet ersetzen. Allerdings sollten Sie letzteres kräftiger würzen, da es einen weniger intensiven Eigengeschmack als Lammfleisch hat.*

Rucolagratin mit Geflügelleber und Mozzarella

Zutaten
600 g Rucola (Rauke)
300 g Tomaten
2 Knoblauchzehen
6 Salbeiblättchen
350 g Geflügelleber
4 EL Olivenöl
etwas Salz
schwarzer Pfeffer
etwas Fett für die Form
150 g Mozzarella
150 g Vollmilchjoghurt

für Anfänger · kalorienarm

- Für 4 Personen
- Zubereitungszeit: ca. 1 Std. (davon 25 Min. Backzeit)
- ca. 380 kcal je Portion

1. Den Rucola verlesen, waschen und trockenschleudern. Die Stiele entfernen und die Blätter in schmale Streifen schneiden.

2. Die Tomaten über Kreuz einritzen, für etwa 15 Sekunden in kochendes Wasser geben, abschrecken und enthäuten. Sie anschließend vierteln, entkernen und dabei von den Stielansätzen befreien. Das Fruchtfleisch danach grob würfeln.

3. Die Knoblauchzehen schälen. Die Salbeiblätter waschen, trockentupfen und in Streifen schneiden. Die Geflügelleber kalt abspülen, mit Küchenpapier trockentupfen und in 1 cm breite Streifen schneiden.

4. 2 Eßlöffel Öl in einer großen Pfanne erhitzen und die Leberstreifen darin von beiden Seiten kurz anbraten. Die Salbeiblättchen hinzufügen und alles mit Salz und Pfeffer würzen. Die Leber aus der Pfanne nehmen und beiseite stellen.

5. Den Ofen auf 225° C vorheizen. Die restlichen 2 Eßlöffel Öl in der Pfanne erhitzen und die Rucolastreifen darin kurz andünsten. Den Knoblauch durch die Presse zum Rucola drücken und alles mit Salz und Pfeffer pikant abschmecken.

6. Eine feuerfeste Form ausfetten. Den gedünsteten Rucola auf dem Boden verteilen. Die Tomatenwürfel und die Leber darauf legen. Das Ganze nochmals leicht pfeffern.

7. Den Mozzarella in dünne Scheiben schneiden. Den Joghurt mit Salz und Pfeffer glattrühren und auf dem Gratin verteilen. Das Ganze mit den Mozzarellascheiben belegen und im heißen Ofen auf der mittleren Schiene ungefähr 25 Minuten überbacken.

Tips *vom Küchenteam*

- *Wenn Sie keinen Rucola bekommen, nehmen Sie statt dessen die gleiche Menge Mangold, Blattspinat oder Brunnenkresse. Die Zubereitung ändert sich nicht.*
- *Wer es lieber feurig-scharf mag, würzt den Joghurt mit Cayennepfeffer oder Tabasco.*
- *Wer den leicht strengen Geschmack der Leber abschwächen möchte, sollte sie vor dem Zerkleinern etwa 30 Minuten in etwas Milch legen. Anschließend werden die Stücke trockengetupft und in Streifen geschnitten.*

Rucola

Sie wird auch Rauke, Runke, Senfkohl oder Roquette genannt und wurde schon von den alten Römern als Heil- und Würzkraut geschätzt. Die 5 bis 10 cm langen, glatten und löwenzahnähnlich gezackten Blätter schmecken angenehm aromatisch-nussig und leicht scharf. Grob zerteilt, eignen sie sich hervorragend als Salatzutat, kleingeschnitten lassen sie sich hervorragend wie Kräuter zum Würzen verwenden. Rucola wird vorwiegend aus Italien und Südfrankreich importiert. Man bekommt sie das ganze Jahr über. Achten Sie beim Einkauf auf junge, kleine Blätter ohne Druckstellen. Ältere sind oft zäh und bitter. Rauke läßt sich nicht zu lange lagern und sollte in ein feuchtes Tuch eingeschlagen aufbewahrt werden.

Wirsinggratin mit Hackfleisch und Ziegenkäse

Zutaten

1 kg Wirsing
etwas Salz
1 Zwiebel
2 Knoblauchzehen
2 EL Olivenöl
1 kleine Dose geschälte Tomaten (280 g Abtropfgewicht)
125 ml Weißwein
schwarzer Pfeffer
1 altbackenes Brötchen
500 g gewürztes Schweinemett
2 Eier
4 EL Sahne
250 g milder Ziegenkäse (z. B. Lingot Blanc)

für Gäste · herzhaft

- Für 4 Personen
- Zubereitungszeit: ca. 1 1/2 Std. (davon 35 Min. Backzeit)
- ca. 890 kcal je Portion

1. Die Wirsingblätter vom Strunk lösen, waschen und die harten Blattrippen herausschneiden. Anschließend in reichlich Salzwasser etwa 2 Minuten blanchieren, danach kalt abschrecken und sorgfältig abtropfen lassen.

2. In der Zwischenzeit die Zwiebel schälen und würfeln. Den Knoblauch schälen und durch eine Presse drücken. Das Öl in einem Topf erhitzen und die Zwiebel und den Knoblauch darin glasig dünsten.

3. Die Tomaten zu dem Knoblauch und den Zwiebelwürfeln geben und mit dem Kochlöffel zerdrücken. Den Wein darunterrühren und die Sauce mit Salz und Pfeffer abschmecken. Danach etwa 10 Minuten bei schwacher Hitze köcheln lassen. Den Backofen auf 175° C vorheizen.

4. Das Brötchen in etwas Wasser einweichen. Das Mett in eine Schüssel geben. Die Eier, die Sahne und das gut ausgedrückte Brötchen dazugeben und alles zu einer gleichmäßigen Masse verkneten.

5. Die Hälfte der Tomatensauce auf dem Boden einer Gratinform mit etwa 5 cm hohem Rand verteilen. Danach abwechselnd blanchierte Wirsingblätter und Fleischmasse hineinschichten. Das Ganze mit Wirsingblättern abschließen.

6. Die restliche Tomatensauce darauf geben. Den Käse in Scheiben schneiden und auf dem Gratin verteilen. Alles im heißen Ofen auf der mittleren Schiene 30 bis 35 Minuten backen.

Möhren-Lauch-Gratin mit Leberkäse

preiswert · herzhaft

- Für 4 Personen
- Zubereitungszeit: ca. 1 Std. (davon 10 Min. Backzeit)
- ca. 630 kcal je Portion
- Dazu paßt Endiviensalat mit Joghurtsauce

1. Die Kartoffeln waschen, schälen und etwa 1 cm groß würfeln. Die Möhren putzen, schälen und in etwa 5 cm lange Stücke schneiden. Diese erst in etwa 1/2 cm dicke Scheiben, dann in Stifte schneiden.

2. Den Lauch putzen, der Länge nach halbieren und unter fließendem Wasser vom Wurzelansatz her gründlich waschen, danach in sehr dünne Streifen schneiden. Die Zwiebeln schälen und fein würfeln.

3. Die Butter in einem großen Topf zerlassen. Die Zwiebelwürfel darin glasig werden lassen, danach die Kartoffeln und die Möhren dazugeben und kurz mitdünsten. Die Brühe und die Sahne angießen, alles mit Salz, Pfeffer und Koriander würzen und noch etwa 15 Minuten garen. Den Backofen auf 225° C vorheizen.

4. Nach 5 Minuten Garzeit des Gemüses den Lauch dazugeben und mitkochen. Die Gemüsemischung danach eventuell nochmals abschmecken.

5. Eine Gratinform ausfetten. Den Leberkäse zuerst in 1/2 cm breite Streifen, dann in Würfel schneiden. Den Butterkäse entrinden und auf einer Haushaltsreibe grob raspeln.

6. Das gegarte Gemüse mit dem Leberkäse und 1/3 des Käses vermischen und in die Gratinform geben. Den restlichen Käse daraufstreuen und alles auf der mittleren Schiene im heißen Ofen ungefähr 10 Minuten überbacken, bis der Käse geschmolzen ist.

7. Inzwischen die Petersilie kalt abspülen, trockentupfen und die Blätter von den Stielen zupfen. Das fertig gegarte Gratin mit der Petersilie garnieren.

Tip *vom Küchenteam*

- *Dieses Gratin läßt sich auch hervorragend aus Kartoffel- und Gemüseresten zubereiten. Diese brauchen dann nicht mehr gegart zu werden, sondern können direkt mit der Sauce vermischt werden.*

Zutaten

400 g vorw. festkochende Kartoffeln
600 g Möhren
600 g Lauch
2 Zwiebeln
2 EL Butter
500 ml Gemüsebrühe (aus Instantpulver zubereitet)
100 g Sahne
etwas Salz
weißer Pfeffer
etwas gemahlener Koriander
etwas Fett für die Form
200 g Leberkäse
200 g Butterkäse
1 kleiner Bund glatte Petersilie

Sauerkraut-Apfel-Auflauf

Zutaten
etwas Salz
400 g vorw. festkochende Kartoffeln
5 mittelgroße Äpfel
Saft von ½ Zitrone
etwas Fett für die Form
4 EL Butter
4 EL Mehl
500 ml herber Cidre (Apfelwein)
3 EL Crème fraîche
schwarzer Pfeffer
1 TL getr. Majoran
800 g Sauerkraut
1 Prise Zucker
400 g Kasseleraufschnitt

für Anfänger · herzhaft

- Für 4 Personen
- Zubereitungszeit: ca. 1¼ Std. (davon 20 Min. Backzeit)
- ca. 630 kcal je Portion

1. In einem Topf 2 l gesalzenes Wasser zum Kochen bringen. In der Zwischenzeit die Kartoffeln waschen, schälen und in etwa 3 mm dicke Scheiben schneiden. Diese im kochenden Salzwasser etwa 3 Minuten vorgaren, anschließend in ein Sieb gießen und abtropfen lassen.

2. Die Äpfel schälen. Die Hälfte vierteln, vom Kerngehäuse befreien und in Spalten schneiden. Die restlichen Äpfel ebenfalls entkernen und danach grob raspeln. Das Obst mit dem Zitronensaft beträufeln.

3. Den Ofen auf 200° C vorheizen. Eine Auflaufform sorgfältig einfetten. Die Kartoffel- und die Apfelstücke dachziegelartig in der Form verteilen.

4. Die Butter in einem kleinen Topf erhitzen. Das Mehl darin hell anschwitzen und anschließend den Cidre angießen. Alles zu einer glatten Sauce verrühren und aufkochen lassen.

5. Die Apfelraspel zusammen mit der Crème fraîche unter die Flüssigkeit mischen und alles mit Salz, Pfeffer und Majoran würzen. Die Hälfte der Sauce über die Kartoffel- und die Apfelscheiben gießen.

6. Das Sauerkraut mit einer Gabel zerpflücken und mit Salz, Zucker und Pfeffer würzen, danach auf die Kartoffel- und die Apfelspalten geben.

7. Das Kasseler in dünne Streifen schneiden und auf dem Sauerkraut verteilen. Die restliche Sauce auf den Auflauf gießen und alles im heißen Ofen auf der mittleren Schiene etwa 20 Minuten backen.

Tips *vom Küchenteam*

- *Wenn Kinder mitessen, sollten Sie den Cidre gegen 250 ml Fleischbrühe und 250 ml Apfelsaft austauschen.*
- *Noch pikanter wird die Cidresauce, wenn Sie sie mit 1 bis 2 Eßlöffeln Dijonsenf abschmecken.*
- *Der Auflauf bekommt eine asiatische Geschmacksnote, wenn Sie das Sauerkraut durch 800 g in Streifen geschnittenen und in Butter geschmorten Chinakohl ersetzen. Würzen Sie diesen mit 3 Eßlöffeln Sojasauce und etwas Ingwerpulver.*

Cidre

Er ist zwar das Nationalgetränk der Bretonen, der beste Cidre stammt jedoch aus der östlichen Nachbarregion, der Normandie. Schon seit dem frühen Mittelalter kelterten die Mönche in beiden französischen Provinzen diesen erfrischenden Apfelwein. Aus mehr als 12 verschiedenen Apfelsorten werden mehr als 24 Cidregewächse, sogenannte „crust" gewonnen. Nach der Faßreife wird der Cidre in bauchige Champagnerflaschen bis an den Korkspiegel gefüllt, damit sich kein Luftraum bilden kann. Cidre gibt es in süßer, halbsüßer und trockener sowie in stiller, leicht perlender und schäumender Form. Er eignet sich nicht nur hervorragend als Durstlöscher, sondern auch zum Kochen. Sein Alkoholgehalt liegt bei etwa 5 Vol.-%. Cidre wird in der Normandie durch Brennen und anschließende Reifung zu Calvados verarbeitet.

Zutaten
500 g Kohlrabi
500 g Buschbohnen
250 ml Fleischbrühe (aus Instantpulver zubereitet)
200 g Fleischwurst
etwas Fett für die Form
125 g Sahne
etwas Salz
schwarzer Pfeffer
150 g Tilsiter (in Scheiben)
1 Bund Kerbel

Fleischwurstgratin

für Anfänger · würzig

- Für 4 Personen
- Zubereitungszeit: ca. 1 Std. (davon 20 Min. Backzeit)
- ca. 490 kcal je Portion

1. Die Kohlrabi schälen und zuerst in 1/2 cm dicke Scheiben, dann in 3 bis 4 cm lange, dünne Stifte schneiden.

2. Die Bohnen waschen, abtropfen lassen und die Enden abschneiden. Eventuell die Fäden abziehen und das Gemüse danach in mundgerechte Stücke zerteilen.

3. Die Bohnen und die Kohlrabistifte nacheinander in der kochenden Fleischbrühe bißfest garen, anschließend herausnehmen und abtropfen lassen. Die Brühe aufbewahren.

4. Die Fleischwurst pellen und in Scheiben schneiden. Eine Gratinform sorgfältig ausfetten. Den Backofen auf 200° C vorheizen. Abwechselnd Kohlrabistifte, Wurstscheiben und Bohnen in die Gratinform schichten.

5. Die Fleischbrühe mit der Sahne verrühren, mit Salz und Pfeffer würzen und über das Gemüse gießen. Alles mit den Käsescheiben belegen.

6. Das Gratin im heißen Ofen auf der mittleren Schiene etwa 20 Minuten backen. In der Zwischenzeit den Kerbel unter kaltem Wasser abspülen, trockentupfen, und die Blätter von den Stielen zupfen. Das Gratin damit vor dem Servieren bestreuen.

Tips *vom Küchenteam*

- *Wenn Sie keine Wurst mögen, nehmen Sie statt dessen die gleiche Menge geräucherte Putenbrust oder gekochten Schinken. Die Zubereitung des Gratins ändert sich nicht.*
- *Das Gericht wird geschmacklich etwas milder, wenn Sie den Tilsiter durch 150 g jungen Gouda ersetzen.*

Sellerieauflauf mit Roquefort

raffiniert · sehr würzig

- Für 4 Personen
- Zubereitungszeit: ca. 1 1/4 Std. (davon 40 Min. Backzeit)
- ca. 480 kcal je Portion
- Dazu paßt Tomatensalat mit Schnittlauchröllchen

Tip *vom Küchenteam*

- *Sie können den Staudensellerie auch durch andere Gemüse, wie zum Beispiel Lauch, Chicoree oder Schwarzwurzeln austauschen.*

1. Die Selleriestauden waschen, der Länge nach halbieren und den Strunk keilförmig herausschneiden. Das Grün abschneiden und beiseite legen. Die Stangen schräg in 2 cm lange Stücke schneiden.

2. Die Selleriestücke in der kochenden Gemüsebrühe in einem geschlossenen Topf etwa 15 Minuten garen, danach in ein Sieb schütten und gut abtropfen lassen.

3. In der Zwischenzeit die Kartoffeln waschen, schälen und auf einer Gemüsereibe oder mit der Küchenmaschine grob raspeln. Anschließend mit Salz, Pfeffer und geriebener Muskatnuß würzen. Den Ofen auf 200° C vorheizen.

4. Die Putenbrust in feine Streifen schneiden. Eine Auflaufform ausfetten. Schichtweise Kartoffeln, Putenbruststreifen und Staudensellerie in die Form geben.

5. Die Sahne mit den Eiern verquirlen. Den Roquefort entrinden, mit der Gabel zerdrücken und unter die Eiermilch rühren. Den Auflauf mit dieser Mischung begießen und auf der mittleren Schiene des heißen Ofens etwa 40 Minuten backen.

Zutaten

600 g Staudensellerie
125 ml Gemüsebrühe (aus Instantpulver zubereitet)
500 g vorw. festkochende Kartoffeln
etwas Salz
weißer Pfeffer
etwas frisch geriebene Muskatnuß
300 g geräucherte Putenbrust (in Scheiben)
etwas Fett für die Form
375 ml Milch
2 Eier
200 g Roquefort

Ricotta-Tomaten-Gratin

Zutaten
800 g Fleischtomaten
etwas Salz
schwarzer Pfeffer
350 g Ricotta (italienischer Frischkäse)
2 Eier
100 g Sahne
Paprikapulver edelsüß
Cayennepfeffer
150 g Salami (in Scheiben)
1/2 Bund Basilikum
50 g Pecorino
2 EL Butter

für Anfänger • schnell

- Für 4 Personen
- Zubereitungszeit: ca. 45 Min. (davon 20 Min. Backzeit)
- ca. 700 kcal je Portion
- Dazu paßt italienisches Weißbrot (Chiabatta) oder knuspriges Baguette

1. Die Tomaten waschen und trockenreiben. Die Stielansätze entfernen und das Fruchtfleisch in Scheiben schneiden. Den Boden einer Gratinform mit den Tomatenscheiben auslegen und diese mit Salz und Pfeffer würzen. Anschließend den Backofen auf 200° C vorheizen.

2. Den Ricotta zusammen mit den Eiern und der Sahne in eine Schüssel geben und alles mit einem Schneebesen zu einer cremigen Masse verrühren. Diese mit Salz, Pfeffer und Paprikapulver pikant abschmecken.

3. Die Salamischeiben übereinander legen und in Streifen schneiden. Das Basilikum kalt abspülen und trockentupfen. Die Blätter von den Stielen zupfen und sehr fein schneiden. Basilikum und Salami unter die Ricottacreme heben und diese über die Tomatenscheiben streichen.

4. Den Pecorino auf einer Käsereibe grob raspeln, auf das Gratin streuen und die Butter in Flöckchen darauf setzen. Das Ganze im heißen Ofen auf der mittleren Schiene etwa 20 Minuten backen, bis die Käsemasse fest geworden ist.

Tip *vom Küchenteam*

- *Auch zerpflückter, im eigenen Saft eingelegter Thunfisch schmeckt in dem Gratin sehr gut. Tauschen Sie die Salami durch 300 g Thunfisch und 50 g in Scheiben geschnittene schwarze Oliven aus. Beides wird unter die Ricotta-Eier-Mischung gerührt und das Gratin wie beschrieben zubereitet.*

Auberginen-Hackfleisch-Auflauf

für Gäste • aromatisch
- Für 4 Personen
- Zubereitungszeit: ca. 1 1/4 Std. (davon 20 Min. Backzeit)
- ca. 610 kcal je Portion

1. Die Tomaten über Kreuz einritzen, für 15 Sekunden in kochendes Wasser geben, abschrecken und enthäuten. Danach die Stielansätze herausschneiden und das Fruchtfleisch fein hacken.

2. Die Zwiebeln und die Knoblauchzehe schälen und beides kleinwürfeln. 1 Eßlöffel Öl in einem Topf erhitzen. Die Zwiebel- und die Knoblauchwürfel darin andünsten. Die Tomatenstücke dazugeben, den Weißwein angießen und alles mit Salz und Pfeffer würzen. Die Sauce zugedeckt bei schwacher Hitze in etwa 20 Minuten sämig einkochen lassen.

3. In der Zwischenzeit die Auberginen waschen, trockenreiben und von den Stiel- und den Blütenansätzen befreien. Die Früchte in etwa 1 1/2 cm dicke Scheiben schneiden und diese kurz in Mehl wenden.

4. 5 Eßlöffel Öl in einer Pfanne erhitzen und die Auberginenscheiben darin portionsweise von beiden Seiten anbraten. Die gegarten Scheiben herausnehmen und auf Küchenpapier legen.

5. Eine Auflaufform mit 1 Eßlöffel Öl auspinseln. Den Ofen auf 200° C vorheizen. 1 Eßlöffel Öl in einer Pfanne erhitzen und das Hackfleisch darin krümelig anbraten, anschließend mit Salz und Pfeffer würzen.

6. Die Auflaufform mit einer Schicht Auberginenscheiben auslegen und etwas Tomatensauce darauf verstreichen. Die Hälfte des Hackfleischs auf der Sauce verteilen. In dieser Weise schichtweise fortfahren, bis alle Zutaten aufgebraucht sind. Die letzte Schicht sollte Sauce sein.

7. Den Auflauf mit dem geriebenen Käse bestreuen und im heißen Ofen auf der mittleren Schiene etwa 20 Minuten backen.

Zutaten

800 g reife Tomaten
2 Zwiebeln
1 Knoblauchzehe
8 EL Olivenöl
etwas Salz
schwarzer Pfeffer
125 ml trockener Weißwein
800 g Auberginen
2 EL Mehl
300 g Rinderhackfleisch
etwas Fett für die Form
40 g Parmesan (am besten frisch gerieben)

Gurkenmoussaka

Zutaten

600 g Schmorgurken
400 g Fleischtomaten
etwas Salz
400 g vorw. festkochende Kartoffeln
125 g Zwiebeln
$1^{1}/_{2}$ Scheiben Toastbrot
400 g Lammhackfleisch
1 EL Senf
4 Eier
Cayennepfeffer
Fett für die Form
250 g Dickmilch
2 EL Sahnemeerrettich
frisch geriebene Muskatnuß
1 Bund Minze

für Gäste · ganz einfach

- Für 4 Personen
- Zubereitungszeit: ca. $1^{1}/_{2}$ Std. (davon 40 Min. Backzeit)
- ca. 600 kcal je Portion
- Dazu paßt gemischter Salat

1. Die Gurken waschen, schälen und längs halbieren. Die Kerne mit einem Löffel herauskratzen und das Fruchtfleisch in etwa $^{1}/_{2}$ cm dicke Scheiben schneiden.

2. Die Tomaten waschen, trockenreiben, die Stielansätze entfernen und die Früchte in Scheiben schneiden. In einem Topf etwa 2 l gesalzenes Wasser zum Kochen bringen.

3. In der Zwischenzeit die Kartoffeln waschen, schälen und in 4 mm dicke Scheiben schneiden. Diese im kochenden Wasser 3–4 Minuten blanchieren und danach in einem Sieb sorgfältig abtropfen lassen.

4. Die Zwiebeln schälen und klein würfeln. Das Toastbrot entrinden und in kaltem Wasser einweichen, danach gut ausdrücken. Den Backofen auf 200° C vorheizen.

5. Das Hackfleisch in eine Schüssel geben und mit den Zwiebelwürfeln, dem gut ausgedrückten Brot, dem Senf und 2 Eiern verkneten. Die Masse mit Salz und Cayennepfeffer kräftig würzen.

6. Eine Auflaufform ausfetten und mit den Kartoffelscheiben auslegen. Das gewürzte Hackfleisch darauf verteilen und alles zuletzt schuppenartig mit den Gurken- und Tomatenscheiben belegen.

7. Die Dickmilch mit 2 Eiern und dem Meerrettich verquirlen, mit Salz, Pfeffer und Muskat kräftig abschmecken und gleichmäßig auf den Auflauf gießen. Das Ganze im vorgeheizten Ofen auf der mittleren Schiene etwa 40 Minuten backen.

8. Die Minze unter fließend kaltem Wasser abspülen und trockentupfen. Die Blätter von den Stielen zupfen und fein hacken. Vor dem Servieren über den fertig gegarten Auflauf streuen.

Tips *vom Küchenteam*

✸ *Dieses Rezept ist eine Abwandlung der berühmten griechischen Moussaka, bei der Auberginen, Tomaten, oft aber auch Kartoffeln und Zucchini mit Hackfleisch und einer Béchamelsauce einen köstlichen Auflauf ergeben.*

✸ *Nicht jeder Metzger hat Lammhackfleisch vorrätig. Deshalb sollten Sie es sicherheitshalber vorbestellen. Falls Sie es dennoch nicht bekommen, können Sie es auch durch Rinderhackfleisch ersetzen. Allerdings sollten Sie dieses dann etwas kräftiger würzen.*

✸ *Wenn die Schmorgurkenzeit vorbei ist, verwenden Sie für die Moussaka einfach 600 g ganz normale Salatgurken. Diese sollten Sie ebenfalls entkernen.*

In fast jedem größeren Ort in Griechenland gibt es einen Wochenmarkt mit einem vielfältigen Angebot an frischem Obst und Gemüse.

Mexikanisches Tortillagratin

Zutaten
1 Bund Frühlingszwiebeln
150 g frische Champignons
4 Eier
2 große Dosen geschälte Tomaten (à 480 g Abtropfgewicht)
4 EL Maiskeimöl
500 g gemischtes Hackfleisch
1 TL getrocknete Oregano
etwas Cayennepfeffer
etwas Salz
einige Tropfen Tabasco
20 Tortillas (Fertigprodukt aus der Feinkostabteilung)
etwas Fett für die Form
150 g Gruyère

exotisch · feurig

- Für 4 Personen
- Zubereitungszeit: ca. 1 1/4 Std. (davon 40 Min. Backzeit)
- ca. 720 kcal je Portion
- Dazu paßt grüner Salat mit Vinaigrette

1. Die Frühlingszwiebeln waschen und putzen. Die grünen Teile in dünne Ringe schneiden und die restlichen weißen Stücke fein hacken.

2. Die Champignons trocken abreiben und in feine Scheiben schneiden.

3. Die Eier in kochendem Wasser in etwa 10 Minuten hart kochen. Inzwischen die geschälten Tomaten in ein Sieb gießen und abtropfen lassen.

4. 1 Eßlöffel Öl in einem großen Topf erhitzen. Die Zwiebelwürfel darin kurz andünsten. Danach das Hackfleisch dazugeben und in 5 Minuten anbraten.

5. Zwiebelgrün, Champignons und die abgetropften Tomaten darunterrühren. Alles mit Oregano, Cayennepfeffer, Salz und Tabasco scharf abschmecken.

6. Die restlichen 3 Eßlöffel Öl in einer Pfanne erhitzen. Die Tortillas darin auf beiden Seiten ganz kurz anbraten. Eine Gratinform ausfetten. Den Ofen auf 190° C vorheizen.

7. Die Tortillas jeweils mit 1 gehäuften Eßlöffel Hackfleischsauce füllen, aufrollen und nebeneinander in die Form legen. Die restliche Sauce darauf verteilen.

8. Die hartgekochten Eier pellen und in Scheiben schneiden. Den Käse entrinden und grob raspeln. Die Eischeiben auf dem Gratin verteilen und den Käse darüber raspeln. Das Ganze im heißen Ofen auf der mittleren Schiene etwa 40 Minuten backen.

Tip *vom Küchenteam*

✸ *Wenn Sie keine fertigen Tortillas bekommen, dann bereiten Sie sie selbst zu: 200 g Mehl mit 175 g Maismehl und etwas Salz in einer Schüssel mischen. 1 Ei und nach und nach so viel Wasser dazugeben, daß ein fester, knetfähiger Teig entsteht. Diesen 20 Minuten ruhen lassen. Danach walnußgroße Bällchen daraus formen und diese zwischen Pergamentpapier zu etwa 2 mm dicken Fladen ausrollen. In einer ungefetteten Eisenpfanne von beiden Seiten anbraten. Die Tortillas jeweils mit 1 Stück Pergamentpapier belegen, übereinanderstapeln, in ein Tuch einschlagen und warm halten, dann füllen und aufrollen.*

Zutaten

700 g braune Champignons
2 Knoblauchzehen
2 EL Butter
2 EL Sojasauce
2 EL Zitronensaft
etwas Salz
schwarzer Pfeffer
200 g luftgetrockneter Schinken
250 g Emmentaler (am Stück)
etwas Fett für die Form
4 EL trockener Weißwein
1 Bund Petersilie

Schweizer Champignongratin

schnell · würzig

- Für 4 Personen
- Zubereitungszeit: ca. 30 Min. (davon 10 Min. Backzeit)
- ca. 530 kcal je Portion

1. Die Champignons putzen und trocken abreiben oder kurz abspülen. Ganz große Exemplare eventuell halbieren. Die Knoblauchzehen schälen. Den Backofen auf 250° C vorheizen.

2. Die Butter in einer großen Pfanne zerlassen. Die Champignons darin kurz andünsten. Den Knoblauch dazupressen und alles mit Sojasauce, Zitronensaft, Salz und Pfeffer würzen. Die Pilze 2 bis 3 Minuten schmoren lassen und dabei mehrmals umrühren.

3. Die Schinkenscheiben übereinander legen und in sehr dünne Streifen schneiden. Diese zu den geschmorten Champignons geben und unterheben. Den Käse entrinden und anschließend grob reiben.

4. Eine Gratinform ausfetten. Die Schinken-Pilz-Mischung hineingeben, mit dem Weißwein beträufeln und mit dem Käse bestreuen.

5. Das Gratin im heißen Ofen auf der mittleren Schiene etwa 10 Minuten überbacken, bis der Käse geschmolzen ist. Inzwischen die Petersilie waschen und trockentupfen. Die Blätter von den Stielen zupfen, fein hacken und vor dem Servieren über das Gratin streuen.

Tip *vom Küchenteam*

- *Wenn Sie die Menge der Zutaten halbieren, ergibt dieses Gratin eine sehr delikate Vorspeise für 4 Personen.*

Weißkohlauflauf mit Trauben und Walnüssen

für Anfänger · aus Amerika

- Für 4 Personen
- Zubereitungszeit: ca. 1 1/2 Std. (davon 50 Min. Backzeit)
- ca. 540 kcal je Portion

Zutaten

1 kleiner Weißkohl (ca. 750 g)
etwas Salz
200 g grüne Trauben
200 g gekochter Schinken (in Scheiben)
50 g Walnußkerne
etwas Fett für die Form
200 g Sahne
2 Eier
1 TL Zucker
1/2 TL Paprikapulver edelsüß
schwarzer Pfeffer
einige Spritzer Worcestersauce
80 g Cheddar
3 EL Semmelbrösel

1. Den Kohlkopf halbieren, den Strunk herausschneiden und beschädigte oder welke Außenblätter entfernen. Die Hälften danach unter kaltem Wasser waschen und trockentupfen. In einem großen Topf 2 l gesalzenes Wasser zum Kochen bringen.

2. Den Kohl in feine Streifen schneiden und diese im kochenden Wasser etwa 5 Minuten blanchieren. Das Kraut anschließend in ein Sieb schütten, kalt abschrecken und gründlich abtropfen lassen. Den Backofen auf 200° C vorheizen.

3. Die Trauben waschen, trockentupfen, halbieren und entkernen. Den Schinken zuerst in Streifen, dann in kleine Würfel schneiden. Beides mit den Kohlstreifen vermischen und zum Schluß die Nüsse darunterheben.

4. Eine Auflaufform ausfetten. Das mit den anderen Zutaten vermischte Kraut hineingeben und gleichmäßig verteilen.

5. Die Sahne mit den Eiern verquirlen und mit Zucker, Salz, Paprika, Pfeffer und Worcestersauce kräftig abschmecken. Den Guß auf den Kohl geben.

6. Den Käse reiben, mit den Semmelbröseln vermischen und auf den Auflauf streuen. Diesen im heißen Ofen auf der mittleren Schiene etwa 50 Minuten backen. Falls der Käse zu braun wird, den Auflauf mit etwas Alufolie abdecken.

Tip *vom Küchenteam*

- *Probieren Sie den Auflauf auch einmal mit 700 g Wirsing- oder Chinakohl. Beim zarten Chinakohl verkürzt sich allerdings die Backzeit um etwa 20 Minuten.*

Spanischer Eierauflauf

Zutaten
400 g vorw. festkochende Kartoffeln
2 Zwiebeln
50 g Schinkenspeck
1 EL Öl
etwas Salz
schwarzer Pfeffer
200 g Chorizo (spanische Knoblauchwurst)
12 mit Paprika gefüllte, grüne Oliven
4 Sardellenfilets
1 Bund glatte Petersilie
150 g Manchego (spanischer Schafskäse)
4 Eier
Paprikapulver edelsüß
etwas Fett für die Form

üppig · sehr pikant

* Für 4 Personen
* Zubereitungszeit: ca. 1 1/2 Std. (davon 35 Min. Backzeit)
* ca. 540 kcal je Portion
* Dazu paßt Tomatensalat mit Frühlingszwiebeln und Vinaigrette

1. Die Kartoffeln waschen, schälen und mit einem Gemüsehobel in hauchdünne Scheiben schneiden, danach trockentupfen. Die Zwiebeln schälen und fein würfeln. Den Schinkenspeck ebenfalls in kleine Würfel schneiden.

2. Das Öl in einer großen Pfanne erhitzen. Die Zwiebelwürfel und den Schinkenspeck darin glasig dünsten. Anschließend die Kartoffelscheiben dazugeben, mit Salz und Pfeffer würzen und unter mehrmaligem Wenden etwa 10 Minuten braten, bis sie etwas Farbe annehmen.

3. Inzwischen die Wurst pellen und in Scheiben schneiden. Die Oliven abtropfen lassen und halbieren. Die Sardellenfilets unter kaltem Wasser abspülen, mit Küchenpapier trockentupfen und fein hacken.

4. Die Petersilie kalt abspülen und trockentupfen. Die Blättchen abzupfen und sehr fein hacken. Den Käse entrinden und in 2 mm breite Streifen schneiden. Den Ofen auf 200° C vorheizen.

5. Die Eier in einer Schüssel verquirlen und mit den Sardellenfilets und der Petersilie verrühren. Das Ganze mit Salz, Pfeffer und Paprikapulver sehr kräftig abschmecken.

6. Eine Auflaufform ausfetten. Schichtweise Kartoffelscheiben, Knoblauchwurst und Oliven hineingeben und den Guß darauf verteilen. Den Auflauf mit den Käsestreifen belegen und im heißen Ofen auf der mittleren Schiene etwa 35 Minuten überbacken, bis die Eier gestockt sind und der Käse geschmolzen ist.

Südafrikanischer Hackfleisch-Brot-Auflauf

sehr ausgefallen · würzig

- Für 4–6 Personen
- Zubereitungszeit: ca. 1 1/4 Std. (davon 50 Min. Backzeit)
- ca. 730 kcal je Portion (bei 4 Portionen)
- Dazu paßt Gurken-Eisberg-Salat mit Vinaigrette

1. Die Zwiebeln, die Knoblauchzehen und den Ingwer schälen. Alles sehr fein hacken. Das Toastbrot entrinden und in kleine Würfel schneiden.

2. In einer Schüssel 3 Eier mit 350 ml Milch verquirlen. Den Zitronensaft und die abgeriebene Schale darunterrühren. Das Brot unter die Eiermilch rühren und 5 Minuten darin quellen lassen.

3. Inzwischen das Öl und die Butter in einer Pfanne erhitzen. Zwiebeln, Knoblauch und Ingwer darin etwa 2 Minuten andünsten. Curry und Kurkuma darunterrühren und unter Rühren kurz anschwitzen. Dann das Hackfleisch dazugeben und in etwa 4 Minuten krümelig anbraten.

4. Den Backofen auf 180° C vorheizen. Die Milch-Eier-Mischung mit der Aprikosenkonfitüre verrühren, unter das Hackfleisch mischen und alles mit Salz, Pfeffer und eventuell noch etwas Curry würzen.

5. Eine Auflaufform ausfetten und die Hackmasse hineingeben. Den Auflauf auf der mittleren Schiene etwa 20 Minuten backen.

6. Inzwischen das Ei mit der restlichen Milch verquirlen. Diese Eiermilch nach 20 Minuten Garzeit über den Auflauf gießen, danach mit den Mandeln bestreuen und weitere 30 Minuten goldgelb backen.

Zutaten

2 Zwiebeln
2 Knoblauchzehen
1 Stück Ingwer (ca. 2 cm)
4 Scheiben Toastbrot
4 Eier
500 ml Milch
Saft und abgeriebene Schale von 1 unbehandelten Zitrone
2 EL Öl
2 EL Butter
1 EL Currypulver
1 TL Kurkuma
1 kg gemischtes Hackfleisch
4 EL Aprikosenkonfitüre
etwas Salz
schwarzer Pfeffer
etwas Fett für die Form
4 EL gehobelte Mandeln

Fangfrisches für Feinschmecker

Spitzenköche wissen es schon längst: Die Vielseitigkeit von Fisch und Meeresfrüchten ist schier unbegrenzt. Mit nur wenig Mitteln läßt sich damit außerordentlich kreativ kochen, und das Ergebnis liegt voll im Trend einer leichten, gesunden Küche.

Doch es müssen nicht immer nur „Luxusliner", wie Lachs, Garnelen und Jacobsmuscheln sein, die in den „Fängen" der Hobbyköche landen. Auch aus preiswerten Fischen, wie Makrele, Hering und Schellfisch, lassen sich maritime Köstlichkeiten zubereiten. Ein Beweis dafür sind die Aufläufe auf den folgenden Seiten. Je nach Geschmack und Gelegenheit geben sie sich mal rustikal mit Matjes, Kartoffeln und Speck, mal mediteran mit sonnengereiftem Gemüse, provenzalischen Kräutern und natürlich reichlich Knoblauch, oder aber mal extravagant mit feinsten Zutaten und erlesenen Aromen.

Provenzalisches Kabeljaugratin

Zutaten

4 Kabeljaufilets (à 200 g)
Saft von
1 Zitrone
etwas Salz
weißer Pfeffer
400 g reife Tomaten
300 g Zucchini
2 Zwiebeln
2 Knoblauchzehen
1 kleine grüne Chilischote
12 schwarze Oliven (ohne Stein)
2 Rosmarinzweige
3 Thymianzweige
3 EL Olivenöl
3 EL trockener Weißwein
50 g Ziegenkäse (z. B. Ziegen-Gouda)
2 EL Semmelbrösel
2 EL Butter

mediterran · aromatisch

* Für 4 Personen
* Zubereitungszeit: ca. 1 Std. (davon 20 Min. Backzeit)
* ca. 320 kcal je Portion
* Dazu paßt Baguette

1. Die Kabeljaufilets kalt abspülen, mit Küchenpapier trockentupfen, mit dem Zitronensaft beträufeln und mit Salz und Pfeffer würzen. Danach etwas durchziehen lassen.

2. Die Tomaten über Kreuz einritzen, für 15 Sekunden in kochendes Wasser geben, danach abschrecken und enthäuten. Die Stielansätze entfernen, das Fruchtfleisch in Scheiben schneiden und danach entkernen.

3. Die Zucchini waschen, trockentupfen und die Stiel- und Blütenansätze entfernen, danach in etwa 3 mm dicke Scheiben schneiden.

4. Die Zwiebeln und die Knoblauchzehen schälen. Die Zwiebeln in Ringe schneiden und die Knoblauchzehen klein würfeln. Die Chilischote der Länge nach aufschlitzen, entkernen und den Stielansatz entfernen. Das Fruchtfleisch fein würfeln. Die Oliven in Scheiben schneiden. Die Kräuter waschen, trockentupfen, die Blätter von den Stielen zupfen und fein hacken.

5. 1 Eßlöffel Öl in einer Pfanne erhitzen. Die Zwiebeln und den Knoblauch darin glasig dünsten. Beides anschließend herausnehmen und auf dem Boden einer Gratinform verteilen.

6. Die Tomaten und die Zucchini in das verbliebene Bratfett geben und kurz darin bei mittlerer Hitze andünsten. Den Weißwein angießen und alles zugedeckt etwa 5 Minuten bei schwacher Hitze schmoren lassen und danach mit Salz und Pfeffer würzen. Den Ofen auf 200° C vorheizen.

Eine wahre Augenweide im Hochsommer sind die für die Provence so typischen Lavendelfelder.

7. Das restliche Öl in einer zweiten Pfanne erhitzen. Die Kabeljaufilets darin auf beiden Seiten etwa 2 Minuten anbraten, anschließend auf die Zwiebel-Knoblauch-Mischung geben.

8. Die Tomaten und die Zucchini auf dem Fisch verteilen. Die feingehackte Chilischote, die Oliven und die Kräuter auf das Gemüse streuen. Den Käse entrinden und grob reiben.

9. Die Käseraspel mit den Semmelbröseln vermischen und auf das Gratin geben. Zuletzt die Butter in Flöckchen darauf setzen und das Ganze im heißen Ofen auf der mittleren Schiene etwa 20 Minuten überbacken.

Tip *vom Küchenteam*

✸ *Zu diesem mediterranen Gericht schmeckt auch hervorragend mit Knoblauch abgeriebenes, geröstetes Weißbrot. Schneiden Sie dafür 1 Baguette schräg in 2 bis 3 cm dicke Scheiben, toasten Sie diese im Ofen und reiben Sie die knusprigen Brote auf einer Seite mit geschälten Knoblauchzehen ab. Dazu können Sie etwas Salzbutter servieren.*

Zutaten

3 rote Paprikaschoten
300 g Lauch
1 Zwiebel
4 EL Butter
4 EL Sahne
etwas Salz
schwarzer Pfeffer
4 geräucherte Bücklinge (à 250 g)
50 g Sardellenfilets
4 Portionen Kartoffelpüree (aus Instantpulver zubereitet)
frisch geriebene Muskatnuß
125 g mittelalter Gouda
etwas Fett für die Form

Bücklingsgratin mit Kartoffelbrei

würzig · ausgefallen

- Für 4 Personen
- Zubereitungszeit: ca. 1 Std. (davon 20 Min. Backzeit)
- ca. 740 kcal je Portion
- Dazu paßt grüner Salat mit Vinaigrette

1. Die Paprikaschoten halbieren, von den weißen Rippen und den Kernen befreien und waschen. Das Fruchtfleisch zuerst in $^1/_2$ cm breite Streifen und dann in Würfel schneiden.

2. Den Lauch putzen, der Länge nach aufschlitzen und vom Wurzelansatz her gründlich waschen und in dünne Streifen schneiden. Die Zwiebel schälen und fein hacken.

3. 2 Eßlöffel Butter in einer Pfanne erhitzen. Die Zwiebel und den Lauch darin glasig dünsten. Danach die Paprikawürfel dazugeben und alles noch etwa 3 Minuten dünsten. Anschließend die Sahne angießen, das Gemüse mit Salz und Pfeffer pikant abschmecken und noch 5 Minuten bei schwacher Hitze köcheln lassen.

4. Inzwischen von den Bücklingen die Köpfe abschneiden, die Fische enthäuten, entgräten und das Fischfleisch grob zerkleinern. Die Sardellenfilets unter kaltem Wasser abspülen, mit Küchenpapier trockentupfen und fein hacken. Den Ofen auf 200° C vorheizen.

5. Das Kartoffelpüree nach der Packungsanweisung zubereiten und mit Salz, Pfeffer und frisch geriebener Muskatnuß würzen. Den Käse entrinden, fein reiben und unter das Kartoffelpüree rühren.

6. Eine große Gratinform ausfetten. Abwechselnd das Gemüse, die Bücklingsstücke und die Sardellenfilets hineinschichten. Das Ganze mit dem Kartoffelpüree bedecken und die restliche Butter in Flocken darauf verteilen. Das Gratin im heißen Ofen auf der mittleren Schiene in etwa 20 Minuten goldgelb überbacken.

Lauch-Räucherlachs-Gratin

skandinavisch · leicht

- Für 4 Personen
- Zubereitungszeit: ca. 1 Std. (davon 20 Min. Backzeit)
- ca. 360 kcal je Portion

Zutaten

1 kg Lauch
2 EL Butter
4 EL Cognac
etwas Salz
schwarzer Pfeffer
400 g Räucherlachs (in Scheiben)
etwas Fett für die Form
150 g Raclettekäse
1/2 Bund Dill

1. Den Lauch putzen, der Länge nach halbieren und unter fließendem Wasser vom Wurzelansatz her sehr gründlich waschen, danach in schmale Streifen schneiden. Den Backofen auf 220° C vorheizen.

2. Die Butter in einem großen Topf zerlassen. Den Lauch hineingeben und darin unter Rühren etwa 5 Minuten dünsten. Den Cognac angießen, alles mit Salz und Pfeffer würzen und noch etwa 3 Minuten weitergaren.

3. Den Räucherlachs in feine Streifen schneiden. Eventuell enthaltene Gräten dabei mit einer Pinzette herauszupfen. Eine Gratinform ausfetten. Den Lauch hineingeben und die Lachsstreifen darauf gleichmäßig verteilen.

4. Den Käse entrinden, grob raspeln und über das Gratin streuen. Das Ganze im heißen Ofen auf der mittleren Schiene etwa 20 Minuten überbacken.

5. Den Dill waschen, trockentupfen, sehr fein hacken und das Gratin damit garnieren.

Tips *vom Küchenteam*

- *Statt des Lauchs können Sie auch 800 g Blattspinat oder in Streifen geschnittenen Chinakohl für dieses Gericht verwenden.*
- *Wenn Sie lieber Fleisch mögen, ersetzen Sie den Räucherlachs durch die gleiche Menge in Streifen geschnittenen Lachsschinken oder geräucherte Putenbrust. Die Zubereitung des Gerichtes ändert sich nicht.*

Gratinierte Jakobsmuscheln

Zutaten

12 frische Jakobsmuscheln (in der Schale)
200 g Chinakohl
2 Schalotten
2 EL Butter
150 g Sahne
2 EL Cognac
2 Eigelb
60 g Sahnequark
etwas Salz
weißer Pfeffer
etwas Cayennepfeffer
etwas Fett für die Form

raffiniert · für Gäste

- Für 4 Personen
- Zubereitungszeit: ca 40 Min. (davon 10 Min. Backzeit)
- ca. 450 kcal je Portion
- Dazu paßt mit fein gehacktem Koriandergrün vermischter Basmatireis

1. Die Muscheln sorgfältig waschen, mit einem spitzen Messer oder einem Austernöffner öffnen und den Muskel durchtrennen. Die obere flache Schale abheben. Das Fleisch und den Rogen (Corail) mit einem Messer herauslösen und gründlich waschen. Das weiße Muskelfleisch und den orangen Rogen voneinander trennen. Beides mit Küchenpapier trockentupfen.

2. Den Chinakohl in einzelne Blätter zerteilen, diese waschen und gründlich trockentupfen. Die Blätter aufeinanderlegen und in feine Streifen schneiden. Die Schalotten schälen und sehr klein würfeln.

3. 1 Eßlöffel Butter in einer Pfanne zerlassen. Das Muschelfleisch und den Rogen darin unter Rühren etwa 3 Minuten anbraten. Beides herausnehmen und warm stellen. Den Ofen auf 200° C vorheizen.

4. Die restliche Butter in der Pfanne zerlassen. Die Schalotten darin glasig dünsten. Den Chinakohl dazugeben und kurz anbraten. Die Sahne und den Cognac angießen, alles noch etwa 5 Minuten köcheln lassen und dann vom Herd nehmen.

5. Die Eigelbe und den Quark miteinander verrühren, unter das Gemüse heben und alles mit Salz, Pfeffer und Cayennepfeffer kräftig abschmecken.

6. Eine sehr große Gratinform oder ein tiefes Blech ausfetten. Die Muscheln hineinsetzen und mit dem Chinakohl und der Sauce bedecken. Das Ganze im heißen Ofen auf der mittleren Schiene etwa 10 Minuten überbacken, bis sich eine goldgelbe Kruste gebildet hat.

Tips *vom Küchenteam*

- *Wenn Sie keine frischen Jakobsmuscheln bekommen, dann können Sie auch tiefgekühlte Ware verwenden. Allerdings sollten Sie diese mindestens 12 Stunden auftauen lassen. Die Jakobsmuscheln müssen völlig aufgetaut sein, denn sonst werden sie zäh.*
- *Probieren Sie dieses Gericht auch einmal mit 200 g gedünstetem Radicchio oder Spinat anstelle des Chinakohls.*
- *Reduzieren Sie die Menge der Zutaten um ein Drittel und servieren Sie jeweils 2 Muscheln pro Person als raffinierte Vorspeise.*

Jakobsmuscheln

Ihren Namen verdankt die dekorative Jakobs- oder Pilgermuschel ihrer Herkunft. Früher kam sie vor allem an den Küsten Galiciens vor. Und alle Pilger, die das Städtchen Santiago de Compostela besuchten, schmückten sich mit den leeren Muschelschalen. Von den Coquilles Saint Jacques, so heißen die Muscheln im Französischen, ißt man das cremig-weiße Fleisch des Schließmuskels und den orangefarbenen Rogensack (Corail).

Wirsing-Thunfisch-Gratin

Zutaten

1 kleiner Wirsing
etwas Salz
4 EL Butter
schwarzer Pfeffer
400 g frisches Thunfischfilet
Saft von 1/2 Zitrone
1 Scheibe Weißbrot
75 g Parmesan (am besten frisch gerieben)
100 g saure Sahne
1–2 EL Dijonsenf
2 Zweige Dill
etwas Fett für die Form

würzig · ausgefallen

- Für 4 Personen
- Zubereitungszeit: ca. 50 Min. (davon 30 Min. Backzeit)
- ca. 500 kcal je Portion

1. Den Wirsing putzen und dabei den Strunk sowie die dicken Blattrippen herausschneiden. Die Blätter in kochendem Salzwasser nach und nach etwa 4 Minuten blanchieren, dann jeweils herausnehmen, kalt abschrecken und in einem Sieb gründlich abtropfen lassen. Das Gemüse danach grob hacken.

2. 1 1/2 Eßlöffel Butter in einem Topf zerlassen. Den Wirsing darin etwa 6 Minuten andünsten und mit Salz und Pfeffer würzen.

3. Den Thunfisch kalt abspülen, mit Küchenpapier trockentupfen und in etwa 1 cm dicke Scheiben schneiden. Diese mit der Hälfte des Zitronensaftes beträufeln und mit Salz und Pfeffer würzen.

4. Das Weißbrot entrinden, zerkrümeln und mit 2 1/2 Eßlöffeln Butter und dem Parmesan verkneten. Die Sahne mit dem Senf und dem restlichen Zitronensaft verrühren und mit Salz und Pfeffer pikant abschmecken.

5. Den Ofen auf 250° C vorheizen. Den Dill waschen, trockentupfen, fein hacken und unter die Sahnesauce rühren.

6. Eine große Gratinform ausfetten. Den Wirsing und den Thunfisch schichtweise hineingeben. Das Ganze mit der Senf-Sahne-Mischung begießen und darauf die Brot-Parmesan-Butter in Flöckchen setzen. Das Gratin im heißen Ofen auf der mittleren Schiene in etwa 30 Minuten goldbraun backen.

Tip *vom Küchenteam*

- *Thunfischfilet wird zwar immer häufiger frisch angeboten, falls Sie es dennoch nicht erhalten, tauschen Sie es durch 400 g Lachs- oder Seelachsfilet aus. Die Zubereitung ändert sich nicht.*

Garnelen mit Kräuterhaube

fein · aromatisch

- Für 4 Personen
- Zubereitungszeit: ca. 1 Std. (davon 20 Min. Backzeit)
- ca. 600 kcal je Portion
- Dazu paßt italienisches Weißbrot (Chiabatta)

1. Die Garnelen aus der Schale lösen, waschen und trockentupfen. Mit dem Zitronensaft beträufeln und mit dem Zitronenpfeffer würzen.

2. Die Tomaten über Kreuz einritzen, für 15 Sekunden in kochendes Wasser geben, danach abschrecken und enthäuten. Die Stielansätze herausschneiden, das Fruchtfleisch vierteln, entkernen und würfeln.

3. Die Knoblauchzehe schälen und fein hacken. Die Frühlingszwiebeln putzen, waschen und in dünne Ringe schneiden.

4. 2 Eßlöffel Butter in einer Pfanne zerlassen. Die Frühlingszwiebeln und den Knoblauch darin 2 bis 3 Minuten andünsten. Beides danach herausnehmen und die Garnelen im in der Pfanne verbliebenen Fett etwa 2 Minuten von beiden Seiten anbraten.

5. Eine Gratinform ausfetten. Die Frühlingszwiebeln und den Knoblauch mit den Tomatenwürfeln vermischen. Alles mit Salz und Pfeffer würzen und in die Form geben. Die Garnelen darauf verteilen. Den Ofen auf 220° C vorheizen.

6. Die Eier trennen. Den Käse entrinden und fein reiben. Die Eigelbe mit der restlichen Butter in eine Schüssel geben und mit den Rührbesen des elektrischen Handrührgerätes schaumig schlagen. Den geriebenen Käse und die saure Sahne darunterrühren und das Ganze mit Salz und Pfeffer würzen.

7. Die Kräuter waschen und trockentupfen. Die Blätter von den Stielen zupfen, fein hacken und unter die Eier-Sahne-Mischung rühren. Das Eiweiß mit etwas Salz sehr steif schlagen und anschließend vorsichtig unter den Kräuterguß heben.

8. Den Kräuterschaum wolkenartig auf dem Gratin verteilen und dieses im heißen Ofen auf der mittleren Schiene etwa 20 Minuten überbacken.

Zutaten

12 rohe Garnelen (ohne Köpfe; à 80 g)
Saft von 1 Zitrone
etwas Zitronenpfeffer
2 Fleischtomaten
1 Knoblauchzehe
1 Bund Frühlingszwiebeln
70 g Butter
etwas Fett für die Form
etwas Salz
schwarzer Pfeffer
3 Eier
80 g Fontina (italienischer Rohmilchkäse)
150 g saure Sahne
1 Bund Basilikum
1 Bund glatte Petersilie

Überbackene Forellenfilets

Zutaten

250 g frische Champignons
2 Schalotten
2 Knoblauchzehen
5 EL Butter
etwas Salz
weißer Pfeffer
125 ml trockener Weißwein
2 Ecken Sahne-Schmelzkäse (à 62,5 g)
1 TL Speisestärke
125 ml Milch
1 TL grüne Pfefferkörner (in Salzlake)
800 g Forellenfilets (küchenfertig; ungeräuchert)
etwas Zitronensaft
1 Eigelb
2 EL gehackte Walnußkerne
1/2 Bund glatte Petersilie

cremig · fein-würzig

* Für 4 Personen
* Zubereitungszeit: ca. 1 Std. (davon 15 Min. Backzeit)
* ca. 530 kcal je Portion

1. Die Champignons waschen, trockentupfen und in feine Scheiben schneiden. Die Schalotten und die Knoblauchzehen schälen und fein hacken.

2. 1 Eßlöffel Butter in einem Topf zerlassen. Die Schalotten und den Knoblauch darin glasig dünsten. Die Champignons dazugeben und alles weitere 5 Minuten dünsten. Das Ganze anschließend mit Salz und Pfeffer würzen und beiseite stellen.

3. Den Weißwein in einem zweiten Topf erhitzen. Den Sahne-Schmelzkäse in kleine Stücke schneiden, danach zum Weißwein geben und darin unter Rühren schmelzen lassen.

4. Die Speisestärke mit etwas kalter Milch verquirlen, in die Käse-Wein-Mischung hineinrühren und diese damit binden. Nach und nach die restliche kalte Milch dazugießen. Das Ganze unter Rühren einmal aufkochen lassen. Die Sauce mit Pfeffer abschmecken und die grünen Pfefferkörner dazugeben. Danach die Sauce vom Herd nehmen und leicht abkühlen lassen.

5. In der Zwischenzeit die Forellenfilets kalt abspülen, mit Küchenpapier trockentupfen und mit etwas Zitronensaft beträufeln, danach mit Salz und Pfeffer würzen. Das Eigelb und die Champignon-Zwiebel-Mischung unter die leicht abgekühlte Sauce heben. Diese dann noch einmal abschmekken. Den Ofen auf 250° C vorheizen.

6. 2 Eßlöffel Butter in einer Pfanne zerlassen und die Forellenfilets darin auf jeder Seite bei mittlerer Hitze 2 bis 3 Minuten braten.

7. Die Hälfte der Champignonsauce in eine feuerfeste Form gießen. Die Forellenfilets darauf verteilen, mit der restlichen Sauce begießen und mit den gehackten Nüssen bestreuen.

8. Die restliche Butter in Flocken auf den Auflauf setzen und ihn im heißen Ofen auf der mittleren Schiene etwa 15 Minuten backen. In der Zwischenzeit die Petersilie waschen und trockentupfen. Die Blätter von den Stielen zupfen und den fertig gegarten Auflauf damit garnieren.

Grüner Pfeffer

Als „grünen Pfeffer" bezeichnet man die noch unreifen grünen Körner des Pfefferstrauches (lat. Piper nigrum), der ursprünglich in den feuchten Monsunwäldern Indiens beheimatet ist. Heute wird der Pfefferstrauch aber auch in Sri Lanka, Indonesien, Malaysia, Madagaskar und Brasilien angebaut. Die kugeligen Beeren wachsen an Rispen, die den Johannisbeeren ähneln. Nach der Ernte kommen die Beeren lose oder noch am Zweig in eine Essig- oder Salzlake, oder sie werden gefriergetrocknet.

Grüner Pfeffer schmeckt ausgesprochen mild und vollaromatisch. Er eignet sich für Marinaden, Ragouts, Suppen, Saucen und Buttermischungen (hierfür die Beeren am besten immer leicht zerdrücken), aber auch für Cocktails und Obstzubereitungen. Eingelegter grüner Pfeffer sollte im Kühlschrank gelagert und innerhalb von 4 bis 6 Wochen verbraucht werden. Schwarzer Pfeffer ist übrigens nichts anderes als in der Sonne getrockneter grüner Pfeffer.

Meeresfrüchteauflauf

Zutaten
250 g kleine Tintenfische (TK-Produkt)
600 g Fleischtomaten
400 g Auberginen
1 Knoblauchzehe
$^1/_2$ getr. rote Pfefferschote (Peperocini)
5 EL Olivenöl
250 g passierte Tomaten
1 Dose naturell eingelegter Thunfisch (à 140 g Abtropfgewicht)
300 g geschälte Tiefseegarnelen (ohne Köpfe)
6 schwarze Oliven (ohne Stein)
1 EL Kapern
etwas Salz
etwas Cayennepfeffer
250 g Mozzarella
2 EL Semmelbrösel
2 EL Butter

für Gäste · feurig scharf
- Für 4 Personen
- Zubereitungszeit: ca 1 Std. (plus 35 Min. Backzeit und 2 Std. Zeit zum Auftauen)
- ca. 620 kcal je Portion
- Dazu paßt türkisches Fladenbrot mit Sesamkörnern

1. Die Tintenfische auftauen lassen.

2. Die Tomaten über Kreuz einritzen, für etwa 15 Sekunden in kochendes Wasser geben und enthäuten. Die Stielansätze herausschneiden und das Fruchtfleisch in Scheiben schneiden.

3. Die Auberginen waschen, trockenreiben, von den Stiel- und den Blütenansätzen befreien und in etwa $1^1/_2$ cm dicke Scheiben schneiden. Den Knoblauch schälen und fein hacken. Die Pfefferschote der Länge nach aufschlitzen, entkernen und den Stielansatz entfernen. Das Fruchtfleisch klein würfeln.

4. 3 Eßlöffel Olivenöl in einer großen Pfanne erhitzen. Die Auberginenscheiben darin portionsweise in etwa 5 Minuten anbraten, dann jeweils herausnehmen und auf Küchenpapier abtropfen lassen. Den Ofen auf 220° C vorheizen.

5. Das restliche Öl in der Pfanne erhitzen, die Knoblauchzehe und die Pfefferschote darin kurz andünsten. Anschließend die passierten Tomaten dazugeben und alles noch 5 Minuten dünsten.

6. Währenddessen den Thunfisch in ein Sieb geben, abtropfen lassen und zerpflücken. Die Garnelen abspülen und ebenfalls gut abtropfen lassen. Beides zusammen mit den Tintenfischen, den Oliven und den Kapern zu den Tomaten geben und das Ganze mit Salz und Cayennepfeffer kräftig abschmecken. Die Sauce bei schwacher Hitze noch etwa 3 Minuten köcheln lassen.

Direkt aus dem Meer gelangen die köstlichen Fische und Meeresfrüchte auf die Fischmärkte.

7. Eine Auflaufform mit den Tomatenscheiben auslegen. Den Mozzarella gut abtropfen lassen und in dünne Scheiben schneiden.

8. Auf die Tomatenscheiben abwechselnd das Meeresfrüchteragout, die Auberginenscheiben und den Mozzarella schichten. Die letzte Schicht sollte aus Käse und Ragout bestehen.

9. Den Auflauf mit den Semmelbröseln bestreuen und die Butter in Flocken darauf setzen. Das Ganze im heißen Ofen auf der mittleren Schiene in etwa 35 Minuten goldbraun backen.

Tip *vom Küchenteam*

* *Wenn Sie Kalorien sparen wollen, aber trotzdem nicht auf Mozzarella verzichten wollen, dann frieren Sie ihn für 2 bis 3 Stunden ein. Auf einer Rohkostreibe läßt er sich dann grob raspeln und Sie können den Auflauf mit der halben Käsemenge zubereiten.*

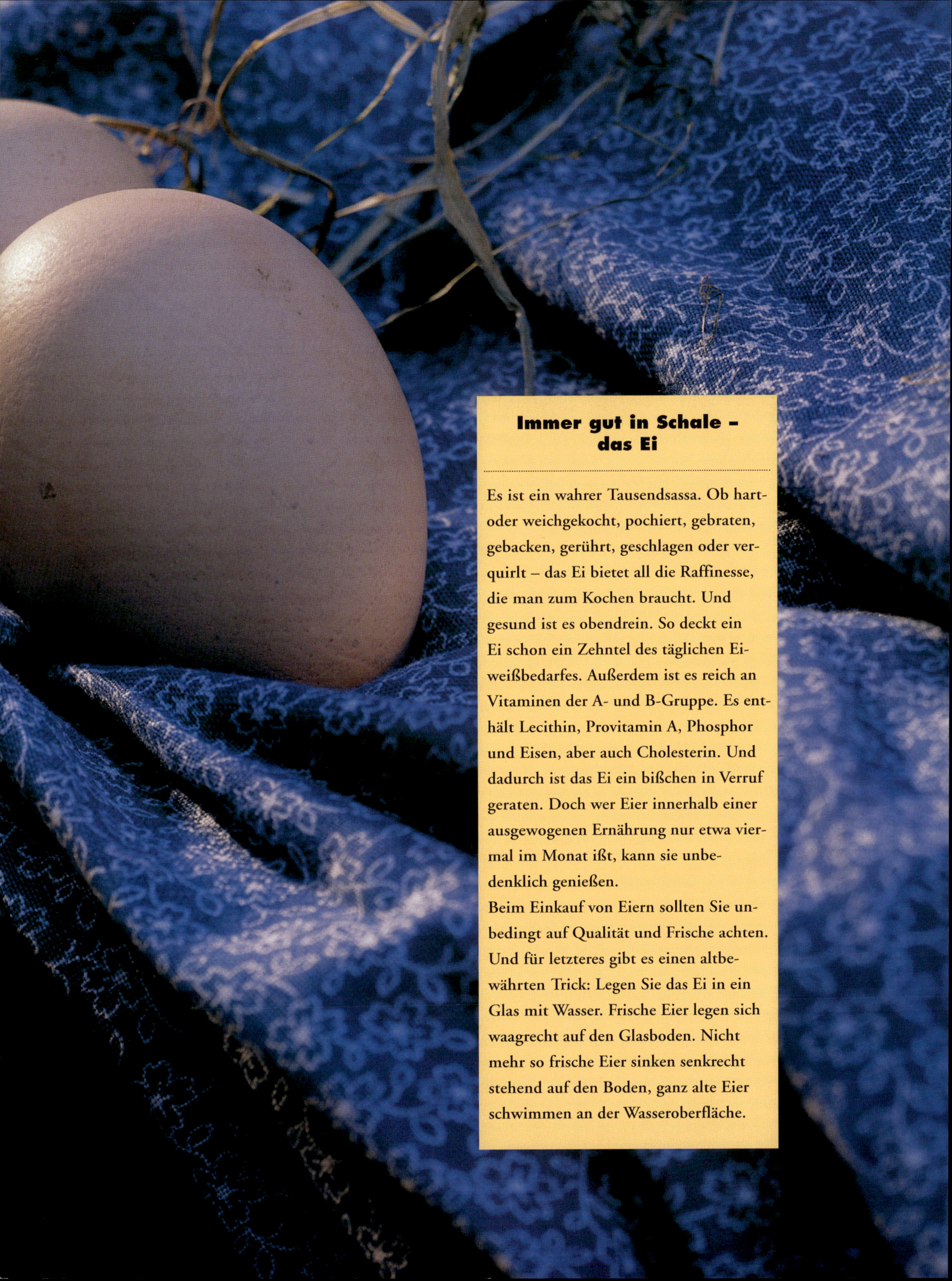

Immer gut in Schale – das Ei

Es ist ein wahrer Tausendsassa. Ob hart- oder weichgekocht, pochiert, gebraten, gebacken, gerührt, geschlagen oder verquirlt – das Ei bietet all die Raffinesse, die man zum Kochen braucht. Und gesund ist es obendrein. So deckt ein Ei schon ein Zehntel des täglichen Eiweißbedarfes. Außerdem ist es reich an Vitaminen der A- und B-Gruppe. Es enthält Lecithin, Provitamin A, Phosphor und Eisen, aber auch Cholesterin. Und dadurch ist das Ei ein bißchen in Verruf geraten. Doch wer Eier innerhalb einer ausgewogenen Ernährung nur etwa viermal im Monat ißt, kann sie unbedenklich genießen.

Beim Einkauf von Eiern sollten Sie unbedingt auf Qualität und Frische achten. Und für letzteres gibt es einen altbewährten Trick: Legen Sie das Ei in ein Glas mit Wasser. Frische Eier legen sich waagrecht auf den Glasboden. Nicht mehr so frische Eier sinken senkrecht stehend auf den Boden, ganz alte Eier schwimmen an der Wasseroberfläche.

Zutaten

400 g Staudensellerie
3 Fleischtomaten
1 Zwiebel
2 Knoblauchzehen
500 g Seelachsfilet
Saft von 1 Zitrone
etwas Salz
schwarzer Pfeffer
4 EL Olivenöl
etwas Fett für die Form
100 g Krabbenfleisch
4 Eier
1 TL Paprikapulver edelsüß
1/4 TL getrockneter Thymian
1/4 TL getrockneter Rosmarin
1 Zwieback
2 EL Butter

Fisch-Krabben-Auflauf

raffiniert · kalorienarm

- Für 4 Personen
- Zubereitungszeit: ca. 1 Std. (davon 20 Min. Backzeit)
- ca. 420 kcal je Portion

1. Den Staudensellerie putzen, waschen und in 3 cm lange Stücke schneiden. Die Tomaten über Kreuz einritzen, für 15 Sekunden in kochendes Wasser geben, abschrecken und enthäuten. Die Stielansätze herausschneiden, das Fruchtfleisch vierteln, entkernen und danach grob würfeln.

2. Die Zwiebel und die Knoblauchzehen schälen. Beides in kleine Würfel schneiden. Die Fischfilets kalt abspülen, trockentupfen und in 2 bis 3 cm große Würfel schneiden. Diese mit dem Zitronensaft beträufeln, salzen und pfeffern, danach kurz durchziehen lassen.

3. Das Öl in einer Pfanne erhitzen. Zwiebeln, Knoblauch, Staudensellerie und Tomatenwürfel hineingeben und darin etwa 8 Minuten dünsten. In der Zwischenzeit den Backofen auf 200° C vorheizen.

4. Eine Auflaufform ausfetten und das Gemüse hineingeben. Die Fischwürfel darauf verteilen. Die Krabben in ein Sieb geben und abtropfen lassen.

5. Die Eier mit Salz, Paprikapulver, Thymian und Rosmarin verquirlen und auf das Gemüse gießen. Die Krabben danach auf dem Gericht verteilen.

6. Den Zwieback sehr fein zerbröseln und über die Krabben streuen. Die Butter in Flöckchen auf den Auflauf geben und alles im heißen Ofen auf der mittleren Schiene etwa 20 Minuten backen.

Matjes-Kartoffel-Auflauf

deftig · pikant
- Für 4 Personen
- Zubereitungszeit: ca. 1 1/2 Std. (davon 1 Std. Backzeit)
- ca. 710 kcal je Portion

Tips *vom Küchenteam*

- *Anstelle der Matjes können Sie auch Salzheringe nehmen. Allerdings sollten Sie diese nach dem Filetieren auf jeden Fall über Nacht wässern.*
- *Noch pikanter wird der Auflauf, wenn Sie 2 in Scheiben geschnittene Gewürzgurken unter die Kartoffelscheiben mischen.*

1. Die Matjesfilets einige Minuten wässern. In der Zwischenzeit die Kartoffeln waschen, schälen und danach in hauchdünne Scheiben hobeln.

2. Den Fisch kalt abspülen, gründlich trockentupfen und in mundgerechte Stücke schneiden. Die Paprikaschoten halbieren, von den weißen Rippen und den Kernen befreien und waschen. Sie danach in Streifen schneiden und anschließend kleinwürfeln.

3. Die Zwiebel schälen und fein hacken. Eine Auflaufform ausfetten. Den Ofen auf 200° C vorheizen. Abwechselnd Kartoffelscheiben, Paprikawürfel, Zwiebelwürfel und Matjesstücke in die Form geben. Das Ganze mit einer Schicht Kartoffelscheiben abschließen.

4. Die Eier in einer Schüssel mit der Milch und dem Mehl verquirlen. Alles mit Salz und Pfeffer kräftig würzen und über den Auflauf gießen.

5. Den Speck in schmale Streifen schneiden. Den Auflauf mit den Semmelbröseln bestreuen und zuletzt die Speckstreifen darauf verteilen. Im heißen Ofen auf der mittleren Schiene etwa 1 Stunde backen.

Zutaten

6 Matjesfilets
600 g mehlig kochende Kartoffeln
2 rote Paprikaschoten
1 Zwiebel
etwas Fett für die Form
3 Eier
500 ml Milch
1 EL Mehl
etwas Salz
weißer Pfeffer
150 g Bacon (dänischer Frühstücksspeck, in Scheiben)
1 EL Semmelbrösel

Schellfisch-Tomaten-Gratin

Zutaten

800 g reife Tomaten
1 Bund Frühlingszwiebeln
4 Knoblauchzehen
3 EL Olivenöl
etwas Salz
schwarzer Pfeffer
1 EL grüne Pfefferkörner (in Salzlake eingelegt)
800 g Schellfischfilets
Saft von 1/2 Zitrone
etwas Fett für die Form
150 g Comté (französischer Hartkäse)
1 Bund glatte Petersilie

kalorienarm · sommerlich

- Für 4 Personen
- Zubereitungszeit: ca. 1 Std. (davon 25 Min. Backzeit)
- ca. 370 kcal je Portion
- Dazu paßt Baguette

1. Die Tomaten über Kreuz einritzen, kurz in kochendes Wasser geben, abschrecken und enthäuten. Die Tomaten vierteln, entkernen, die Stielansätze herausschneiden, das Fruchtfleisch würfeln.

2. Die Frühlingszwiebeln putzen und waschen, in feine Ringe schneiden und dabei die weißen und die grünen Teile trennen. Die Knoblauchzehen schälen.

3. Das Öl in einem Topf erhitzen. Die weißen Zwiebelteile darin andünsten. Den Knoblauch durch die Presse dazudrücken und danach das Zwiebelgrün und die Tomaten dazugeben. Alles mit Salz und Pfeffer kräftig würzen, die Pfefferkörner hinzufügen und das Ganze etwa 10 Minuten dünsten. Den Backofen auf 180° C vorheizen.

4. Die Fischfilets kalt abspülen und mit Küchenpapier trockentupfen. Mit dem Zitronensaft beträufeln, salzen, pfeffern und in etwa 3 cm breite Streifen schneiden. Eine feuerfeste Form ausfetten und die Schellfischstücke hineinlegen.

5. Die Zwiebel-Tomaten-Sauce auf dem Fisch verteilen. Den Käse entrinden, grob reiben und über die Sauce streuen. Das Gratin im heißen Ofen etwa 25 Minuten backen.

6. Die Petersilie kalt abspülen und trockentupfen. Die Blätter von den Stielen zupfen, fein hacken und kurz vor dem Servieren über das Gratin streuen.

Fischgratin mit Sherrysauce

würzig · kalorienarm

- Für 4 Personen
- Zubereitungszeit: ca. 1 Std. (davon 35 Minuten Backzeit)
- ca. 390 kcal je Portion
- Dazu paßt Baguette

1. Den Endiviensalat putzen, waschen und in Streifen schneiden. Diese in kochendem Salzwasser etwa 2 Minuten blanchieren, danach in einem Sieb sehr kalt abschrecken und gut abtropfen lassen. Den Backofen auf 200° C vorheizen.

2. Den Kabeljau kalt abspülen, mit Küchenpapier trockentupfen und in 1 bis 2 cm breite Streifen schneiden. Diese mit Zitronensaft beträufeln, salzen und pfeffern.

3. Eine Gratinform ausfetten. Abwechselnd Endivienstreifen und Kabeljaustreifen hineinschichten. Den Emmentaler mit den Semmelbröseln vermischen, über das Gratin streuen und das Ganze im heißen Ofen auf der mittleren Schiene etwa 35 Minuten backen.

4. Inzwischen die Zwiebel schälen und fein hacken. Die Butter in einem Topf zerlassen und die Zwiebel darin andünsten. Den Weißwein und den Sherry angießen und das Ganze etwa 5 Minuten einkochen lassen.

5. Den Orangen- und den Limettensaft sowie die Sahne in die Weißwein-Sherry-Mischung hineinrühren, das Ganze sämig einkochen lassen und mit Salz, Pfeffer und Zucker würzen. Die Sauce zu dem fertig gegarten Fischgratin servieren.

Zutaten

600 g Endiviensalat
etwas Salz
800 g Kabeljaufilets
Saft von 1 Zitrone
weißer Pfeffer
Fett für die Form
3 EL geriebener Emmentaler
1 EL Semmelbrösel
1 Zwiebel
1 TL Butter
50 ml Weißwein
75 ml halbtrockener Sherry
Saft von 2 Orangen
Saft von 1 Limette
150 g Sahne
1 Prise Zucker

Bunter Räucherfischauflauf

Zutaten
400 g Tomaten
750 g Erbsen (mit Hülsen)
etwas Salz
1 Dose Mais (à 425 g)
1 Bund glatte Petersilie
250 g geräuchertes Makrelenfilet
etwas Fett für die Form
3 Eier
5 EL Milch
weißer Pfeffer
3 EL geriebener Pecorino
2 EL Butter

preiswert · herzhaft
- Für 4 Personen
- Zubereitungszeit: ca. 1 Std. (davon 20 Min. Backzeit)
- ca. 440 kcal je Portion

1. Die Tomaten über Kreuz einritzen, für 15 Sekunden in kochendes Wasser geben, abschrecken und enthäuten. Die Stielansätze herausschneiden, die Früchte halbieren, entkernen und das Fruchtfleisch in Würfel schneiden.

2. Die Erbsen enthülsen und in kochendem Salzwasser 3 Minuten blanchieren, dann in ein Sieb schütten, kalt abschrecken und sehr gut abtropfen lassen. Die Maiskörner ebenfalls in ein Sieb geben und abtropfen lassen.

3. Die Petersilie waschen und trockentupfen. Die Blätter von den Stielen zupfen, sehr fein hacken und mit dem Mais und den Erbsen vermischen. Den Backofen auf 200° C vorheizen.

4. Den Fisch häuten, entgräten und in mundgerechte Stücke zerpflücken. Eine Auflaufform ausfetten und die Fischstücke hineinlegen. Die Tomatenwürfel und die Erbsen-Mais-Mischung darauf verteilen.

5. Die Eier mit der Milch in einer Schüssel verquirlen, mit Salz und Pfeffer würzen und über das Gemüse gießen. Den Käse auf den Auflauf streuen. Die Butter in Flöckchen darauf setzen und das Ganze im heißen Ofen auf der mittleren Schiene etwa 20 Minuten backen.

Tips *vom Küchenteam*

- *Geschmacklich noch feiner wird der Auflauf mit 200 g geräuchertem Forellenfilet. Dieses sollten Sie allerdings vor der Zubereitung noch mit etwas Zitronensaft beträufeln.*
- *Wenn Sie keine frischen Erbsen bekommen, nehmen Sie 300 g tiefgekühlte Erbsen. Garen Sie diese statt 3 Minuten jedoch etwa 5 Minuten in kochendem Salzwasser.*

Pecorino

Es gibt Tausende von Varianten dieses berühmten italienischen Reibe- und Hartkäses, von denen selbst italienische Gourmets nicht alle kennen. Klassiker ist jedoch der Pecorino canestrato siciliano. Er wird von den Bergbauern Siziliens noch auf traditionelle Weise aus Schafsmilch gewonnen und reift in Körben aus Schilfgeflecht, die ihm seine typische Struktur geben. Während der Käse reift, muß er übrigens sehr sorgfältig gepflegt werden. Und das geschieht zum Beispiel durch regelmäßiges Waschen der Rinde.

Pecorino romano darf nur in ganz bestimmten Regionen Italiens hergestellt werden und muß mindestens 8 Monate reifen. Sein Fettgehalt beträgt mindestens 36 %, daher eignet sich der Käse ideal zum Überbacken. Es gibt aber auch Pecorinoarten, die schon nach etwa 2 Monaten Reifezeit als Tafelkäse verkauft werden. Dazu gehören zum Beispiel der leicht süßlich schmeckende Pecorino toscano, der Pecorino fresco und der recht milde Pecorino dolce.

Zutaten
400 g Möhren
250 ml Gemüsebrühe (aus Instantpulver zubereitet)
400 g Lauch
2 EL Sonnenblumenöl
etwas Salz
weißer Pfeffer
800 g Lengfischfilets (oder Seelachsfilets)
Saft von $^1/_2$ Zitrone
300 g Feta
150 g Kräuter-Crème fraîche
etwas Fett für die Form

Lengfisch mit Käsekruste

für Anfänger · würzig

- Für 4 Personen
- Zubereitungszeit: ca. $1^1/_2$ Std. (davon 35 Min. Backzeit)
- ca. 640 kcal je Portion
- Dazu paßt Fladenbrot

1. Die Möhren putzen, schälen und in dünne Scheiben schneiden. Die Gemüsebrühe in einem Topf zum Kochen bringen. Die Möhrenscheiben hineingeben und etwa 10 Minuten darin garen. Die Möhren danach in ein Sieb schütten und gut abtropfen lassen.

2. Inzwischen den Lauch putzen, der Länge nach halbieren und unter fließendem Wasser vom Wurzelansatz her sehr gründlich waschen, danach in schmale Streifen schneiden.

3. Das Öl in einer großen Pfanne erhitzen, den Lauch darin 5 Minuten andünsten und mit Salz und Pfeffer würzen.

4. Die Fischfilets kalt abspülen und mit Küchenpapier trockentupfen. Danach mit dem Zitronensaft beträufeln, salzen, pfeffern und etwas durchziehen lassen. Den Ofen auf 200° C vorheizen.

5. Den Feta in dünne Scheiben schneiden. Die Crème fraîche in einer Schüssel mit einem Schneebesen glattrühren und mit Salz und Pfeffer würzen.

6. Eine Auflaufform ausfetten. Den vorgegarten Lauch auf dem Boden verteilen, darauf $^1/_3$ der Fetascheiben, dann die Lengfischfilets und darauf die Möhrenscheiben schichten. Das Ganze wiederum mit $^1/_3$ des Käses belegen.

7. Die Crème fraîche über den Feta streichen, mit den restlichen Käsescheiben belegen und das Ganze im heißen Ofen auf der mittleren Schiene etwa 35 Minuten backen.

Thunfisch-Gemüse-Gratin

mediterran · aromatisch

- Für 4 Personen
- Zubereitungszeit: ca. 1 Std. (davon 20 Min. Backzeit)
- ca. 510 kcal je Portion
- Dazu paßt kräftiges Bauernbrot

1. Die Tomaten über Kreuz einritzen, für 15 Sekunden in kochendes Wasser geben, danach abschrecken und enthäuten. Die Stielansätze entfernen, das Fruchtfleisch in Scheiben schneiden und anschließend entkernen.

2. Die Zucchini waschen, von den Stiel- und den Blütenansätzen befreien, trockentupfen und in Scheiben schneiden.

3. Das Olivenöl in einer Pfanne erhitzen und die Zucchinischeiben darin in etwa 5 Minuten hellbraun anbraten. Den Ofen aus 200° C vorheizen.

4. Inzwischen den Mais und den Thunfisch jeweils in ein Sieb geben und abtropfen lassen. Den Thunfisch mit einer Gabel zerpflücken.

5. Eine Gratinform ausfetten. Die Tomatenscheiben auf dem Boden der Form verteilen. Nacheinander darauf dann den Thunfisch, die Zucchinischeiben und zuletzt den Mais schichten. Das Ganze mit Salz und Pfeffer würzen und mit Rosmarin bestreuen.

6. Die Oliven auf dem Gratin verteilen. Den Käse entrinden, grob reiben und darauf streuen. Das Gratingericht im heißen Ofen auf der mittleren Schiene etwa 20 Minuten überbacken.

Tip *vom Küchenteam*

Kefalotiri ist ein griechischer Rohmilchkäse. Er wird aus Schafmilch oder aus Schaf- und Ziegenmilch gewonnen. Sie können ihn durch den noch würzigeren Pecorino ersetzen.

Zutaten

300 g Flaschentomaten (Eiertomaten)
300 g Zucchini
2 EL Olivenöl
1 kleine Dose Maiskörner (à 150 g)
2 Dosen naturell eingelegter Thunfisch (à 140 g Abtropfgewicht)
etwas Fett für die Form
etwas Salz
schwarzer Pfeffer
1/2 TL getrockneter Rosmarin
50 g schwarze Oliven (ohne Stein)
150 g Kefalotiri (griechischer Schafskäse)

Seelachs-Gemüse-Gratin mit Nußkruste

Zutaten
4 Seelachsfilets (à 200 g)
Saft von 1 Zitrone
etwas Salz
weißer Pfeffer
200 g Möhren
1 Bund Frühlingszwiebeln
200 g Champignons
3 EL Butter
2 Bund Petersilie
Fett für die Form
200 g Gouda
2 EL gemahlene Haselnüsse

kalorienarm · nussig

- Für 4 Personen
- Zubereitungszeit: ca. $1^{1}/_{4}$ Std. (davon 30 Min. Backzeit)
- ca. 280 kcal je Portion

1. Die Seelachsfilets kalt abspülen, mit Küchenpapier trockentupfen und mit dem Zitronensaft sorgfältig beträufeln. Mit Salz und Pfeffer würzen und etwas durchziehen lassen.

2. Die Möhren putzen, schälen und kleinwürfeln, dann in kochendem Salzwasser etwa 5 Minuten blanchieren. Die Möhrenwürfel danach in ein Sieb geben, kalt abschrecken und gut abtropfen lassen.

3. Die Frühlingszwiebeln putzen und gründlich waschen, anschließend in weiße und grüne Teile trennen. Das Grün in kleine Ringe schneiden und die weißen Teile fein hacken.

4. Die Champignons sorgfältig putzen, kurz abspülen oder abreiben und danach in dünne Scheibchen schneiden. Den Backofen auf 175° C vorheizen.

5. 1 Eßlöffel Butter in einem Topf zerlassen. Die weißen Teile der Frühlingszwiebeln und die Champignons darin kurz andünsten, mit Salz und Pfeffer würzen und anschließend mit den Möhrenwürfeln sowie den grünen Zwiebelringen vermischen.

Haselnüsse geben vielen Gerichten eine besondere Geschmacksnote. Sie werden im Herbst geerntet und bis zum Februar auf dem Markt angeboten.

6. Die Petersilie waschen und trockentupfen. Die Blättchen von den Stielen zupfen und fein hacken. Eine große Gratinform ausfetten.

7. Das vorbereitete Fischfilet in die Form legen. Das Gemüse darauf verteilen und mit der Petersilie bestreuen.

8. Den Gouda entrinden, fein reiben und mit den gemahlenen Nüssen vermischen. Diese Mischung über das Gratin streuen. Die restliche Butter in Flöckchen darauf setzen. Das Ganze im heißen Ofen auf der mittleren Schiene etwa 30 Minuten backen.

Tip *vom Küchenteam*

✹ *Einen besonders feinen Geschmack bekommen die Fischfilets, wenn Sie sie noch mit etwas weißem Vermouth (z. B. Noilly Prat) beträufeln.*

Lasagne mit Scholle und Mittelmeergemüse

Zutaten

1 rote Paprikaschote
1 gelbe Paprikaschote
400 g Zucchini
250 g reife Tomaten
1 grüne Peperoni
1 Knoblauchzehe
1 Bund Petersilie
1 Bund Schnittlauch
4 EL Olivenöl
etwas Salz
schwarzer Pfeffer
einige Spritzer Tabasco
etwas Fett für die Form
500 g Schollenfilets
150 g Doppelrahm-Frischkäse
5 EL trockener Weißwein
2 EL Semmelbrösel
2 EL Butter

kalorienarm · feurig scharf

- Für 4 Personen
- Zubereitungszeit: ca. 1 Std. (davon 35 Min. Backzeit)
- ca. 430 kcal je Portion
- Dazu paßt knuspriges Baguette

1. Die Paprikaschoten halbieren, von den weißen Rippen und den Kernen befreien, waschen und in Streifen schneiden. Die Zucchini waschen, putzen und in etwa 3 mm dicke Scheiben schneiden.

2. Die Tomaten über Kreuz einritzen, für 15 Sekunden in kochendes Wasser geben, abschrecken und enthäuten. Danach die Stielansätze herausschneiden, das Fruchtfleisch halbieren, entkernen und grob würfeln.

3. Den Ofen auf 200° C vorheizen. Die Peperoni waschen, der Länge nach aufschlitzen und den Stielansatz entfernen. Das Fruchtfleisch entkernen und fein würfeln. Den Knoblauch schälen und fein hacken.

4. Die Petersilie und den Schnittlauch waschen und trockentupfen. Die Petersilienblättchen von den Stielen zupfen und fein hacken. Den Schnittlauch in dünne Röllchen schneiden.

5. Das Öl in einer Pfanne erhitzen. Das Gemüse, die Peperoni und den Knoblauch hineingeben und etwa 5 Minuten unter Rühren andünsten. Die Kräuter zu dem Gemüse geben und dieses mit Salz, Pfeffer und Tabasco scharf abschmecken.

6. Eine rechteckige Auflaufform ausfetten. Den Fisch kalt abspülen, mit Küchenpapier trockentupfen und danach schichtweise das Gemüse und die Schollenfilets in die Form geben. Die letzte Schicht sollte Gemüse sein.

7. Den Frischkäse in einer Schüssel mit dem Weißwein cremig rühren, mit Tabasco abschmecken und über die oberste Schicht der Lasagne streichen. Das Ganze mit den Semmelbröseln bestreuen, die Butter in Flöckchen daraufsetzen und alles im Ofen auf der mittleren Schiene etwa 35 Minuten überbacken.

Tip *vom Küchenteam*

Die Lasagne läßt sich einfach abwandeln. Tauschen Sie beispielsweise den Fisch und das Gemüse durch etwas edlere Sorten wie Seezunge oder Zander und Frühlingszwiebeln, Champignons oder Brokkoli aus. Alternativ können Sie mit Chinakohl, Ananas und Shiitake-Pilzen auch eine exotische Geschmacksnote erreichen.

Tabasco

Die feurige rote Sauce wurde Mitte des 19. Jahrhunderts von einem gewissen Edmund Mc Ilhenny auf Avery Island im Mississippi-Delta kreiert. Sie besteht auch heute noch aus reifen roten Tabasco-Chilies, die zu einem Brei zermahlen und mit Salz vermischt werden. Dieser Brei gärt mindestens 3 Jahre in Fässern aus Eichenholz. Dann wird er in Bottiche umgefüllt, mit Essig vermischt und während der nächsten 30 Tage immer wieder umgerührt. Anschließend filtert man ihn und füllt ihn ab. Tabasco verwendet man u. a. zum Würzen von Salaten und bei der Zubereitung des klassischen Drinks „Bloody Mary“.
Die rote Sauce hat übrigens eine grüne, etwas mildere Schwester mit dem Namen Jalapeño bekommen. Sie basiert auf grünen Chilischoten.

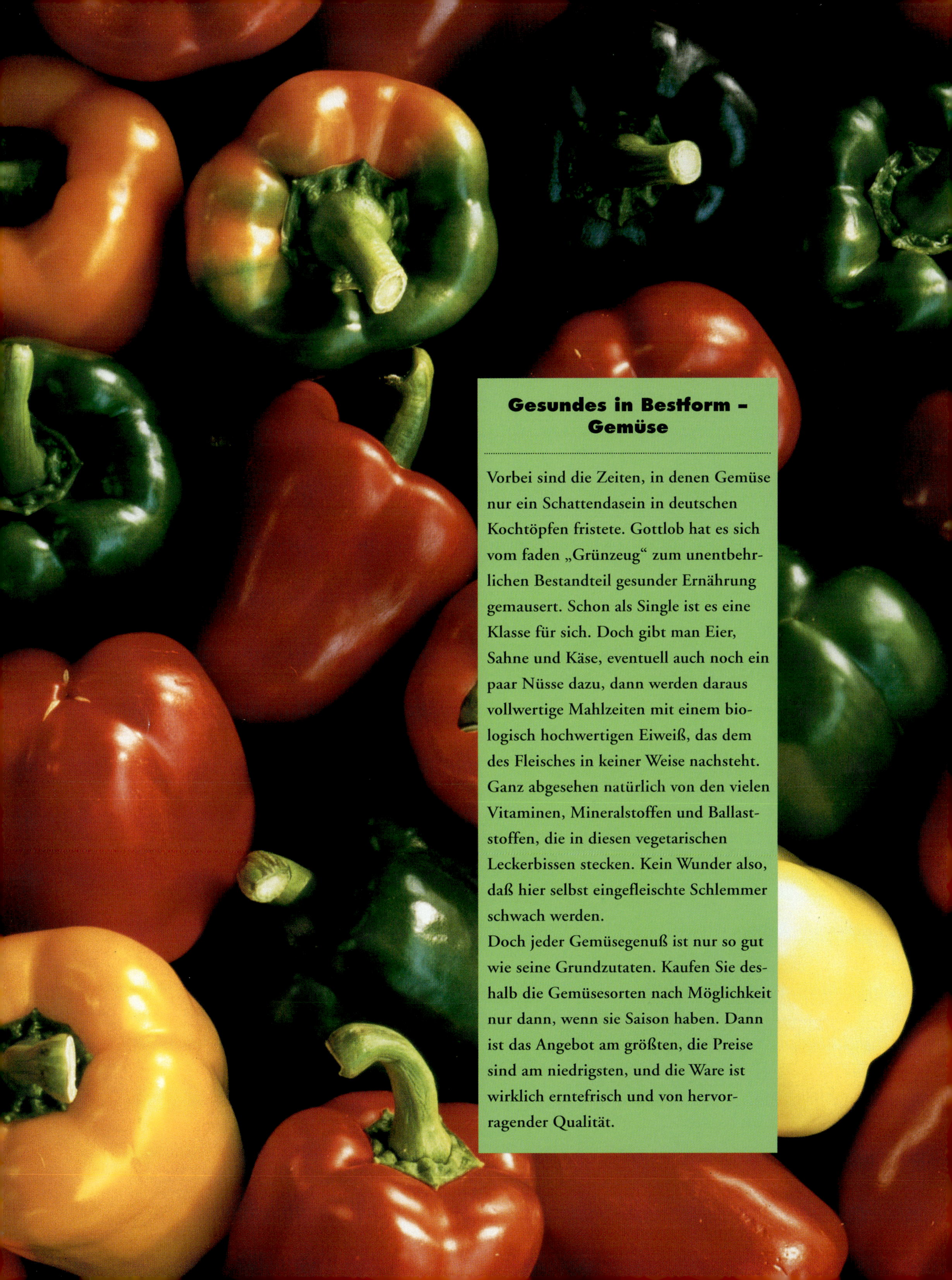

Gesundes in Bestform – Gemüse

Vorbei sind die Zeiten, in denen Gemüse nur ein Schattendasein in deutschen Kochtöpfen fristete. Gottlob hat es sich vom faden „Grünzeug“ zum unentbehrlichen Bestandteil gesunder Ernährung gemausert. Schon als Single ist es eine Klasse für sich. Doch gibt man Eier, Sahne und Käse, eventuell auch noch ein paar Nüsse dazu, dann werden daraus vollwertige Mahlzeiten mit einem biologisch hochwertigen Eiweiß, das dem des Fleisches in keiner Weise nachsteht. Ganz abgesehen natürlich von den vielen Vitaminen, Mineralstoffen und Ballaststoffen, die in diesen vegetarischen Leckerbissen stecken. Kein Wunder also, daß hier selbst eingefleischte Schlemmer schwach werden.

Doch jeder Gemüsegenuß ist nur so gut wie seine Grundzutaten. Kaufen Sie deshalb die Gemüsesorten nach Möglichkeit nur dann, wenn sie Saison haben. Dann ist das Angebot am größten, die Preise sind am niedrigsten, und die Ware ist wirklich erntefrisch und von hervorragender Qualität.

Zutaten

600 g Kürbis
300 g Möhren
2 cm frischer Ingwer
250 ml herber Cidre (franz. Apfelwein)
1 Gewürznelke
60 g Sonnenblumenkerne
etwas Fett für die Form
200 g saure Sahne
4 Eigelb
etwas Salz
etwas Zitronenpfeffer
etwas Kurkuma

Kürbis-Möhren-Auflauf

für Anfänger · fein-würzig

- Für 4 Personen
- Zubereitungszeit: ca. 1 Std. (davon 25 Min. Backzeit)
- ca. 350 kcal je Portion

1. Das Gemüse schälen und putzen. Den Kürbis von den Kernen befreien und etwa 1 cm groß würfeln. Die Möhren in dünne Scheiben schneiden. Den Ingwer schälen und sehr fein hacken.

2. Den Cidre in einen Topf gießen. 2/3 des Ingwers, die Gewürznelke, die Möhren und den Kürbis dazugeben, alles zum Kochen bringen und 5 bis 10 Minuten bei mittlerer Hitze garen. Das Ganze in einem Sieb gut abtropfen lassen.

3. Den Ofen auf 225° C vorheizen. Die Sonnenblumenkerne in einer beschichteten Pfanne ohne Fett anrösten. Eine Auflaufform ausfetten.

4. Das Gemüse in die Form geben, dann mit den Sonnenblumenkernen bestreuen.

5. Die saure Sahne mit den Eigelben verrühren, den restlichen Ingwer daruntermischen. Alles mit Salz, Zitronenpfeffer und Kurkuma pikant abschmecken.

6. Den Guß über den Auflauf gießen und alles im heißen Backofen auf der mittleren Schiene ungefähr 25 Minuten backen.

Tip *vom Küchenteam*

- *Tauschen Sie die Möhren durch 300 g Äpfel aus, wenn Sie den fruchtig-exotischen Geschmack noch verstärken möchten. Die Früchte werden in 1 cm großen Würfeln etwa 2 Minuten mit den Kartoffeln und dem Kürbis gegart und alles danach wie im Rezept beschrieben weiterverarbeitet.*

Kohlrabi-Zuckerschoten-Auflauf

knackig · für Anfänger

- Für 4 Personen
- Zubereitungszeit: ca. 1 Std. (davon 35 Min. Backzeit)
- ca. 400 kcal je Portion

Zutaten

400 g vorw. festkochende Kartoffeln
400 g Kohlrabi
400 g Zuckerschoten
etwas Salz
etwas Fett für die Form
1 Bund Kerbel
1 Bund glatte Petersilie
250 g Vollmilchjoghurt
150 g Sahne
3 Eigelb
2 TL Sahnemeerrettich (aus dem Glas)
weißer Pfeffer
80 g Appenzeller

1. Die Kartoffeln und die Kohlrabi waschen und schälen. Beides in etwa 1/2 cm große Würfel schneiden. Die Zuckerschoten waschen, putzen, eventuell entfädeln und danach schräg halbieren.

2. Reichlich Salzwasser in einem großen Topf zum Kochen bringen. Die Kartoffel- und die Kohlrabiwürfel darin etwa 10 Minuten garen. Nach 5 Minuten Garzeit die Zuckerschoten dazugeben. Das Ganze danach in ein Sieb gießen und gut abtropfen lassen.

3. Den Ofen auf 200° C vorheizen. Eine große Auflaufform ausfetten und die Kartoffeln und das Gemüse hineingeben. Den Kerbel und die Petersilie waschen und trockentupfen. Die Blätter von den Stielen zupfen und fein hacken.

4. Joghurt, Sahne, Eigelbe und Meerrettich in eine Schüssel geben und mit einem Schneebesen verquirlen. Diese Mischung mit Salz und Pfeffer kräftig abschmecken. Die Kräuter darunterheben und das Ganze danach auf den Auflauf gießen.

5. Den Käse entrinden, fein reiben und auf dem Auflauf verteilen. Diesen anschließend im heißen Ofen auf der mittleren Schiene etwa 35 Minuten backen.

Tip *vom Küchenteam*

- *Wenn Sie keine Zuckerschoten bekommen, tauschen Sie sie durch 300 g gepalte Erbsen aus.*

Eier-Mangold-Gratin

Zutaten

700 g Mangold
8 Eier
2 rote Zwiebeln
6 EL Butter
etwas Salz
weißer Pfeffer
3 EL Mehl
500 ml Milch
1–2 EL Delikateßsenf
125 g junger Gouda

zart · cremig

- Für 4 Personen
- Zubereitungszeit: ca. 1 Std. (davon 15 Min. Backzeit)
- ca. 600 kcal je Portion
- Dazu paßt Vollkornreis

1. Die Mangoldblätter gründlich waschen und die weißen von den grünen Teilen trennen. Anschließend die Stiele fein hacken und die Blätter grob zerkleinern.

2. Die Eier anstechen, in kochendem Wasser hartkochen, danach abschrecken und pellen.

3. Die Zwiebeln schälen und in dünne Ringe schneiden. 3 Eßlöffel Butter in einem Topf zerlassen. Die Zwiebelringe und die Mangoldstiele darin kurz andünsten. Die Mangoldblätter anschließend dazugeben und alles 5 bis 10 Minuten dünsten. Das Gemüse danach mit Salz und Pfeffer würzen. Den Ofen auf 200° C vorheizen.

4. Die restlichen 3 Eßlöffel Butter in einem zweiten Topf zerlassen. Das Mehl darin kurz anschwitzen. Die Milch angießen und alles unter Rühren aufkochen lassen. Den Senf daruntermischen und die Sauce mit Salz und Pfeffer abschmecken.

5. Die Eier in dicke Scheiben schneiden. Die Hälfte der Sauce in eine Gratinform gießen. Darauf das Gemüse und die Eischeiben legen. Die restliche Sauce darauf verteilen.

6. Den Käse entrinden, grob raspeln und auf das Gratin streuen. Dieses im heißen Ofen auf der mittleren Schiene in 10 bis 15 Minuten überbacken.

Mangold

Lange war er in Vergessenheit geraten, nun kehrt er in deutsche Kochtöpfe zurück. Und das ist gut so. Denn Mangold ist eine ausgesprochen vielseitige Rübensorte, die eng mit den roten Beten und den Zuckerrüben verwandt ist. Bei dem leicht nussig, etwas säuerlich schmeckenden Gemüse haben Sie die Wahl zwischen dem zarten Blatt- oder Schnittmangold und dem Rippenmangold. Blattmangold hat relativ kleine, hellgrüne Blätter und fast keinen Stiel. Rippenmangold hat dagegen dunkelgrüne, große Blätter und bis zu 10 cm breite Stiele. Er ist wesentlich derber und kräftiger im Geschmack. Die beiden Mangoldsorten lassen sich wie Spinat zubereiten. Außerdem gibt es noch eine Mangoldsorte mit roten Stengeln und dunkelroten Blättern.

Mangold ist ein ausgesprochen kalorienarmes Gemüse. Zudem enthält es reichlich Calcium, Beta-Carotin und Vitamin C. In ein angefeuchtetes Tuch eingewickelt, bleibt Mangold im Gemüsefach des Kühlschranks bis zu 2 Tage frisch. Waschen Sie das Gemüse sehr sorgfältig. Oft sitzt noch Sand in den Rillen der Blattrippen und Stiele.

Eine fast schon vergessene Köstlichkeit erlebt eine Renaissance. Die Haupterntezeit für Mangold sind die Monate Juni bis Oktober.

Frühlingsgemüsegratin

Zutaten
500 g Möhren
125 ml Gemüsebrühe (aus Instantpulver zubereitet)
300 g weißer Spargel
300 g grüner Spargel
etwas Salz
400 g Lauch
250 g frische Champignons
1 Bund glatte Petersilie
etwas Cayennepfeffer
4 EL Butter
2 EL Sonnenblumenöl
300 g Mozzarella

für Gäste · knackig

- Für 4 Personen
- Zubereitungszeit: ca. 1 Std. (davon 15 Min. Backzeit)
- ca. 460 kcal je Portion
- Dazu paßt frisches Baguette

1. Die Möhren putzen, schälen und in Scheiben schneiden. Die Gemüsebrühe in einem Topf zum Kochen bringen, die Möhren hineingeben und darin etwa 15 Minuten garen. Sie danach abschütten und abtropfen lassen.

2. Inzwischen den weißen Spargel von der Spitze her nach unten dünn schälen, die grünen Spargelstangen nur am unteren Drittel schälen. Die holzigen Enden abschneiden, das Gemüse in Stücke schneiden und in kochendem Salzwasser etwa 6 Minuten blanchieren. Diese danach in ein Sieb gießen und abtropfen lassen.

3. Den Lauch putzen, der Länge nach aufschlitzen und vom Wurzelansatz her gründlich waschen, in schmale Streifen schneiden und in Salzwasser 3 Minuten blanchieren. Das Gemüse in ein Sieb schütten und abtropfen lassen.

4. Die Champignons putzen, abspülen, trockenreiben und in Scheiben schneiden. Die Petersilie waschen und trockentupfen. Die Blätter von den Stielen zupfen und fein hacken.

5. Die Möhren mit dem Pürierstab pürieren und mit Salz und Cayennepfeffer abschmecken. Das Püree mit der Petersilie verrühren. Den Ofen auf 225° C vorheizen.

6. Die Butter zusammen mit dem Öl in einer großen Pfanne erhitzen. Lauch, Spargel und Champignons darin portionsweise bei starker Hitze anbraten, jeweils mit Salz und Cayennepfeffer würzen und anschließend beiseite stellen.

7. Eine große Gratinform ausfetten. Zuerst die Spargelstücke, danach die Lauchstreifen und zum Schluß die Champignons hineinschichten. Das Möhrenpüree darüberstreichen.

8. Den Mozzarella abtropfen lassen, in Scheiben schneiden und das Gratin damit belegen. Im heißen Ofen auf der mittleren Schiene etwa 15 Minuten goldbraun backen.

Rosenkohl-Maronen-Auflauf

deftig · winterlich

- Für 4 Personen
- Zubereitungszeit: ca. $1^1/_2$ Std. (davon 25 Min. Backzeit)
- ca. 810 kcal je Portion

1. Den Backofen auf 200° C vorheizen. Inzwischen die Maroni mit einem Messer über Kreuz einschneiden, auf ein Backblech legen und dieses in den heißen Ofen schieben. Nach 5 bis 10 Minuten platzen die Schalen auf. Die Kastanien aus dem Ofen nehmen, leicht abkühlen lassen, schälen und in Viertel schneiden.

2. Den Rosenkohl putzen, dabei die welken Blätter entfernen und das Gemüse waschen. Die Strünke über Kreuz einschneiden.

3. Das Öl in einem Topf erhitzen. Die Maroni darin 2 bis 3 Minuten anbraten. Die Gemüsebrühe angießen und die Kastanien bei mittlerer Hitze etwa 10 Minuten zugedeckt dünsten. Danach den Rosenkohl dazugeben und alles weitere 15 Minuten dünsten.

4. Inzwischen die Butter in einem Topf schmelzen lassen. Das Mehl dazugeben und darin anschwitzen. Die Milch und die Sahne angießen und alles unter Rühren bei mittlerer Hitze aufkochen lassen und so lange bei verringerter Temperatur köcheln lassen, bis die Sauce sämig wird.

5. Den Käse in einer Schüssel mit einem Schneebesen mit den Eiern verquirlen. Die Sauce von der Herdplatte ziehen und leicht abkühlen lassen. Die Käse-Eier-Mischung anschließend darunterrühren.

6. Eine Auflaufform ausfetten. Das Gemüse in einem Sieb gründlich abtropfen lassen, mit Salz und Pfeffer würzen und in die Form geben. Die Sauce darauf verteilen, den Auflauf mit den Nüssen bestreuen und im heißen Ofen auf der mittleren Schiene in etwa 25 Minuten goldgelb backen.

Zutaten

300 g Maroni (Eßkastanien)
600 g Rosenkohl
2 EL Öl
250 ml Gemüsebrühe (aus Instantpulver zubereitet)
3 EL Butter
3 EL Mehl
200 ml Milch
200 g Sahne
50 g Parmesan (am besten frisch gerieben)
2 Eier
etwas Fett für die Form
etwas Salz
schwarzer Pfeffer
4 EL gehackte Walnußkerne

Karamelisiertes Süßkartoffel-Kohlrabi-Gratin

Zutaten

750 g Süßkartoffeln
450 g Kohlrabi
etwas Salz
70 g Butter
3 EL brauner Zucker (ersatzweise brauner Rohrzucker)
300 g Mozzarella
etwas Fett für die Form
250 g Sahne
1 Brühwürfel (für 250 ml Flüssigkeit)
schwarzer Pfeffer
2 EL Sonnenblumenkerne
1 Bund Kerbel

raffiniert · sahnig

- Für 4 Personen
- Zubereitungszeit: ca. 1 1/2 Std. (davon 40 Min. Backzeit)
- ca. 800 kcal je Portion
- Dazu paßt Feldsalat mit Vinaigrette

1. Die Süßkartoffeln unter fließendem Wasser sorgfältig abbürsten, dann trockentupfen und ungeschält mit einem Gemüsehobel in hauchdünne Scheiben schneiden. Die Kartoffelscheiben in kochendem Wasser etwa 5 Minuten garen.

2. Inzwischen die Kohlrabiknollen schälen, waschen und in 3 bis 4 mm dicke Scheiben schneiden. Dabei das Grün beiseite legen. Die Kohlrabischeiben vierteln und in kochendem Salzwasser etwa 5 Minuten garen.

3. Das Gemüse und die Kartoffeln nacheinander in ein Sieb schütten und abtropfen lassen. Die Hälfte der Butter in einer Pfanne zerlassen. Den Zucker hineinstreuen und unter Rühren karamelisieren lassen.

4. Zuerst die Kartoffelscheiben und anschließend auch die Kohlrabistücke in dem Karamel 2 bis 3 Minuten schwenken. Das Ganze anschließend vom Herd nehmen und den Ofen auf 175° C vorheizen.

5. Den Mozzarella abtropfen lassen und in Scheiben schneiden. Eine Gratinform ausfetten. Die Kartoffelscheiben, die Kohlrabischeiben und zuletzt die Mozzarellascheiben schuppenförmig einschichten.

6. Die Sahne zusammen mit dem Brühwürfel in einen Topf geben und aufkochen lassen. Die Sauce bei mittlerer Hitze etwa 5 Minuten einkochen lassen und danach mit Salz und Pfeffer würzen. Die Sauce anschließend über das Gemüse und den Käse gießen.

7. Die restliche Butter in Flöckchen auf das Gratin setzen und dieses im heißen Ofen auf der mittleren Schiene ungefähr 40 Minuten backen.

8. In der Zwischenzeit die Sonnenblumenkerne in einer beschichteten Pfanne ohne Fett hellbraun anrösten. Den Kerbel waschen, trockentupfen und zusammen mit dem Kohlrabigrün fein hacken. Die Sonnenblumenkerne und die gehackten Kräuter vor dem Servieren über das Gratin streuen.

Tips *vom Küchenteam*

- *Bei Kohlrabi haben Sie die Wahl zwischen weißlich-grünen und bläulich-roten Knollen. Die Konsistenz der ersteren ist zarter, die blauroten Sorten haben dafür einen intensiveren Geschmack. Allerdings werden sie leicht holzig.*
- *Das Gratin schmeckt auch mit normalen Kartoffeln sehr gut.*

Süßkartoffeln

Sie gedeihen in fast allen warmen Ländern, sind weder verwandt noch verschwägert mit der heimischen Kartoffel und mit Sicherheit nicht jedermanns Geschmack. Denn Süßkartoffeln, auch Bataten genannt, schmecken süßlich, fast wie Kartoffeln, die etwas Frost bekommen haben. Aus den Küchen Süd- und Nordamerikas sind die 10 bis 30 cm langen, purpurroten, bräunlich, gelblich oder weißlichen Knollen nicht mehr wegzudenken. So farbig wie die Knollen, ist auch ihr Fruchtfleisch. Die roten Bataten haben ein lachsfarbenes Fruchtfleisch mit butterartiger Konsistenz und schmecken etwas nach Maronen. Die weißlichen Früchte mit ihrem hellen Fruchtfleisch sind dagegen etwas mehliger und milder im Geschmack. Süßkartoffeln schmecken am besten, wenn man sie mit Schale im Ofen gart, sie als Gratin oder Auflauf zubereitet oder Püree daraus macht. Wie Salzkartoffeln sollte man sie nicht zubereiten, da sie beim Kochen einen Teil ihrer Süße verlieren und einen faden Geschmack bekommen können.

Zutaten
2 rote Paprikaschoten
2 grüne Paprikaschoten
1 Bund Frühlingszwiebeln
250 g Speisequark
200 g Crème fraîche
etwas Salz
schwarzer Pfeffer
etwas Paprikapulver edelsüß
2 Scheiben Graubrot
100 g Walnußkerne
2 EL Tomatenmark
3 EL Delikateßsenf
50 g Butter

Paprikagratin mit Nußkruste

herzhaft · kroß

- Für 4 Personen
- Zubereitungszeit: ca. 1 Std. (davon 30 Min. Backzeit)
- ca. 790 kcal je Portion
- Dazu paßt grüner Salat mit Kräutervinaigrette

1. Die Paprikaschoten halbieren, die Stielansätze, die weißen Rippen und die Kerne entfernen. Das Fruchtfleisch waschen, trockentupfen und in 1 cm große Würfel schneiden.

2. Die Frühlingszwiebeln putzen, waschen und schräg in etwa 1/2 cm dünne Ringe schneiden. Den Backofen auf 225° C vorheizen.

3. Den Quark in eine Schüssel geben und mit den Paprikawürfeln und den Frühlingszwiebeln vermischen. 2 Eßlöffel Crème fraîche darunterrühren und alles mit Salz, Pfeffer und Paprikapulver würzen. Die Mischung in eine Gratinform füllen.

4. Das Graubrot entrinden, in feine Würfel schneiden und zusammen mit den Nüssen im Universalzerkleinerer oder mit einem scharfen Messer kleinhacken. Beides mit der restlichen Crème fraîche, dem Tomatenmark und dem Senf verrühren und diese Mischung auf das Gratin streichen.

5. Die Butter in einem Topf zerlassen, über das Gratin träufeln und dieses im heißen Ofen auf der mittleren Schiene etwa 30 Minuten überbacken.

Tip *vom Küchenteam*

- *Noch pikanter wird das Gratin, wenn Sie etwas geriebenen Parmesan unter den Quark rühren und statt des Tomatenmarks 2 Eßlöffel Paprikamark nehmen.*

Tomaten-Sprossen-Auflauf

knackig · feurig scharf

- Für 4 Personen
- Zubereitungszeit: ca. 50 Min. (davon 30 Min. Backzeit)
- ca. 410 kcal je Portion

1. Die Tomaten waschen, trockenreiben und in etwa 1/2 cm dicke Scheiben schneiden. Die Stielansätze dabei entfernen. Die Bohnensprossen in einem Sieb gründlich abspülen und danach abtropfen lassen. Die Frühlingszwiebeln putzen, waschen und schräg in dünne Ringe schneiden.

2. Eine Auflaufform ausfetten und die Mungobohnensprossen darin verteilen. Die Tomatenscheiben darauf legen und das Ganze mit Frühlingszwiebelringen bestreuen. Den Ofen auf 200° C vorheizen.

3. Den Käse entrinden und grob raspeln. 4 Eßlöffel davon beiseite stellen. Das Basilikum waschen und trockentupfen. Die Blätter von den Stielen zupfen und in feine Streifen schneiden. Die Peperoni waschen, längs aufschlitzen und den Stielansatz entfernen. Das Fruchtfleisch entkernen und fein hacken.

4. Die Dickmilch zusammen mit den Eiern in eine Schüssel geben und mit einem Schneebesen verquirlen. Den Großteil des Käses, die Basilikumstreifen und die Peperonistücke dazugeben. Die Mischung mit Salz, Pfeffer und Tabasco kräftig abschmecken.

5. Den Guß über den Auflauf gießen, diesen mit dem restlichen Käse bestreuen und im heißen Ofen auf der mittleren Schiene etwa 30 Minuten backen.

Zutaten

800 g Flaschentomaten (Eiertomaten)
400 g Mungobohnensprossen
1 Bund Frühlingszwiebeln
etwas Fett für die Form
200 g Knoblauchgouda
6 Basilikumzweige
1 rote Peperoni
200 g Dickmilch
4 Eier
etwas Salz
schwarzer Pfeffer
einige Tropfen Tabasco

Papaya-Sellerie-Gratin

Zutaten

1 nicht ganz reife Papaya
500 g reife Tomaten
500 g Staudensellerie
1 Limette
3 EL Butter
etwas Salz
weißer Pfeffer
100 g Sahne
1 TL Senfpulver
75 g Cheddar
5 EL feingehackte Cashewkerne

exotisch · fruchtig-herb

- Für 4 Personen
- Zubereitungszeit: ca. 1 Std. (davon 20 Min. Backzeit)
- ca. 390 kcal je Portion

1. Die Papaya schälen, der Länge nach halbieren und die Kerne herauslöffeln. Das Fruchtfleisch quer in etwa 1 cm dünne Scheiben schneiden.

2. Die Tomaten über Kreuz einritzen, für 15 Sekunden in kochendes Wasser geben, danach abschrecken und enthäuten. Die Stielansätze entfernen, das Fruchtfleisch vierteln, entkernen und in Würfel schneiden.

3. Den Staudensellerie putzen, waschen und in dünne Scheiben schneiden. Die Limette heiß abwaschen und danach trockenreiben. Die Schale sehr dünn abschälen, fein hacken und den Saft auspressen. Den Ofen auf 200° C vorheizen.

4. Eine Gratinform mit 1 Eßlöffel Butter ausfetten. Die Papayascheiben in die Form einschichten. Selleriestücke, Tomatenwürfel und Limettenschale darauf verteilen und alles mit Salz und Pfeffer würzen.

5. Die Sahne mit dem Senfpulver und dem Limettensaft verquirlen und auf das Gemüse gießen. Anschließend den Cheddar fein reiben. Die Cashewkerne mit dem Käse vermischen und das Gratin damit bestreuen. Die restliche Butter in Flöckchen gleichmäßig darauf setzen.

6. Das Gratin auf der mittleren Schiene im heißen Backofen ungefähr 20 Minuten überbacken.

Senfpulver

Das gelbliche, vor allem in der asiatischen und englischen Küche geschätzte Würzmittel besteht aus den gemahlenen Samen der Senfkörner. Und davon gibt es drei Sorten: die weißen Senfkörner (auch gelber Senf genannt), die schwarzen Senfkörner (auch grüner oder holländischer Senf genannt) und die braunen Senfkörner (auch Sareptasenf genannt). Weißer Senf ist wesentlich milder als schwarzer Senf. Brauner Senf schmeckt scharf-würzig. Senfpulver entwickelt seine Schärfe erst, wenn es mit Flüssigkeit in Berührung kommt. Deshalb wird es mit Wasser, Essig, Bier oder Apfelwein verrührt, bis ein weicher Brei entsteht.

Tips *vom Küchenteam*

✷ *Falls Sie keine Papaya bekommen, können Sie statt dessen auch eine Mango verwenden. Sie wird ebenfalls geschält, in Scheiben geschnitten und zusammen mit dem Gemüse in die Form geschichtet.*

✷ *Wenn Sie auf Fleisch nicht ganz verzichten wollen, dann können Sie auch 300 g in Streifen geschnittene, gekochte Putenbrust auf die Papayastreifen geben.*

In der Südsee liebt man die Kombination von süßen Früchten und pikantem Gemüse.

Ratatouillegratin

Zutaten

2 Paprikaschoten (gelb und rot)
1 Aubergine (à ca. 500 g)
300 g Zucchini
3 Fleischtomaten
1 Gemüsezwiebel
2 Knoblauchzehen
1 Zweig Rosmarin
3 Zweige Thymian
3 EL Olivenöl
6 EL trockener Rotwein
etwas Salz
schwarzer Pfeffer
etwas Rosenpaprika
200 g Schafskäse

mediterran · würzig

- Für 4 Personen
- Zubereitungszeit: ca. 1 1/4 Std. (davon 25 Min. Backzeit)
- ca. 330 kcal je Portion
- Dazu paßt knuspriges Baguette

1. Die Paprikaschoten halbieren, die Stielansätze sowie die weißen Rippen und die Kerne entfernen. Das Fruchtfleisch waschen, trockentupfen und in etwa 3 mm breite Streifen schneiden.

2. Die Aubergine und die Zucchini waschen und trockentupfen. Die Stielansätze abschneiden und das Gemüse ungeschält in 2 bis 3 cm große Würfel schneiden.

3. Die Tomaten über Kreuz einritzen, für 15 Sekunden in kochendes Wasser geben, danach abschrecken und enthäuten. Die Stielansätze herausschneiden, das Fruchtfleisch vierteln, entkernen und grob würfeln.

4. Die Zwiebel und den Knoblauch schälen. Die Zwiebel in Würfel schneiden. Die Kräuter waschen und trockentupfen. Die Blätter von den Stielen zupfen und fein hacken.

5. Das Öl in einem Topf erhitzen. Die Zwiebelwürfel darin glasig dünsten und danach den Knoblauch durch die Presse dazudrücken.

6. Die Paprikastreifen zu den Zwiebelwürfeln geben und kurz anbraten. Die Hitze verringern und Auberginen, Zucchini, Tomatenwürfel und Kräuter hinzufügen. Den Rotwein angießen, alles mit Salz, Pfeffer und Paprika würzen und zugedeckt etwa 15 Minuten schmoren lassen. In der Zwischenzeit den Ofen auf 225° C vorheizen.

7. Das geschmorte Gemüse in eine Gratinform füllen. Den Schafskäse darüberbröckeln und das Ganze auf der mittleren Schiene 15 bis 20 Minuten überbacken.

Gemüse-Pfannkuchen-Gratin

herzhaft · locker-luftig

- Für 4 Personen
- Zubereitungszeit: ca. 35 Min. (plus 25 Min. Backzeit und 30 Min. Quellzeit)
- ca. 600 kcal je Portion
- Dazu paßt gemischter Blattsalat mit Vinaigrette

1. 120 g Mehl, 1 Prise Salz, die Eier und 300 ml Milch in eine Schüssel geben und mit den Rührbesen des elektrischen Handrührgeräts zu einem glatten Teig verquirlen.

2. Die Petersilie waschen und trockentupfen. Die Blätter von den Stielen zupfen und fein hacken. Die Hälfte davon unter den Teig rühren. Diesen etwa 30 Minuten zugedeckt quellen lassen.

3. Inzwischen die Möhren putzen, schälen und fein raspeln. Die Zucchini waschen, trockentupfen und die Stiel- und Blütenansätze entfernen. Das Fruchtfleisch danach längs in 3 mm dünne Streifen und anschließend in 4 cm lange Stifte schneiden.

4. 2 Eßlöffel Öl in einer Pfanne erhitzen. Die Zucchinistifte darin kurz anbraten und mit Salz und Pfeffer würzen, danach beiseite stellen.

5. Die Butter in einem Topf zerlassen und die restlichen 50 g Mehl darin hell anschwitzen. Die Gemüsebrühe und 300 ml Milch angießen und das Ganze unter Rühren bei mittlerer Hitze etwa 6 Minuten köcheln lassen.

6. Den Käse entrinden, fein raspeln, in die Sauce geben und darin schmelzen lassen. Alles mit Salz und Pfeffer würzen und danach die restliche Petersilie darunterrühren.

7. Jeweils 1 Eßlöffel Öl in einer Pfanne erhitzen und darin nacheinander 6 Pfannkuchen aus dem gequollenen Teig backen. Inzwischen den Ofen auf 200° C vorheizen.

8. Eine runde feuerfeste Form ausfetten. Abwechselnd Pfannkuchen, Zucchinistifte, Möhrenraspel und Käsesauce hineinschichten. Die letzte Schicht sollte Sauce sein.

9. Das Gratin im heißen Ofen auf der mittleren Schiene 20 bis 25 Minuten backen.

Zutaten

170 g Mehl
etwas Salz
2 Eier
600 ml Milch
2 Bund glatte Petersilie
600 g Möhren
400 g Zucchini
8 EL Sonnenblumenöl
schwarzer Pfeffer
50 g Butter
300 ml Gemüsebrühe (aus Instantpulver hergestellt)
100 g Fontina (italienischer Rohmilchkäse)
etwas Fett für die Form

静岡

Großer Auftritt für Nudeln, Kartoffeln und Co.

Die meiste Zeit ihres Lebens spielen sie mehr oder minder eine Nebenrolle – hier sind sie jedoch als Hauptakteure gefragt. Denn ganz gleich ob dick oder dünn, lang oder kurz, in Scheiben oder in Würfel geschnitten, geraspelt oder gerieben – wenn Nudeln und Kartoffeln würzig duftend und mit einer goldgelben Käsekruste überzogen auf dem Tisch stehen, dann bleibt garantiert kein Krümchen übrig. Sie sind und bleiben die Lieblingskinder der deutschen Auflaufküche. Daß aber auch Reis und Getreide – herzhaft gewürzt und schmackhaft verpackt – in diesem Auflauf-Akt eine gewichtigte Rolle mitspielen können, zeigen unsere folgenden Rezepte.

Lassen Sie sich von Kartoffel und Co. inspirieren, lehnen Sie sich entspannt im Küchenstuhl zurück, und verfolgen Sie die spannenden Momente in dem Auflauf-Schauspiel. Vorhang auf für Herzhaftes mit Kartoffeln, Reis, Nudeln und Getreide…

Grünkern-Mozzarella-Gratin mit Tomaten

Zutaten

200 g grober Grünkernschrot
500 ml Gemüsebrühe (aus Instantpulver zubereitet)
1 Bund Frühlingszwiebeln
1 Knoblauchzehe
400 g Auberginen
90 ml Olivenöl
400 g Flaschentomaten (Eiertomaten)
300 g Mozzarella
1 1/2 TL getr. Oregano
etwas Salz
schwarzer Pfeffer

nussig · vollwertig

- Für 4 Personen
- Zubereitungszeit: 40 Min. (plus 20 Min. Backzeit und 25 Min. Quellzeit)
- ca. 580 kcal je Portion
- Dazu paßt Eisbergsalat mit Sauerrahmdressing

1. Den Grünkernschrot zusammen mit der Gemüsebrühe in einen Topf geben und zum Kochen bringen, dann bei schwacher Hitze etwa 25 Minuten quellen lassen. Die Flüssigkeit sollte am Ende vollständig vom Grünkern aufgenommen sein.

2. Inzwischen die Frühlingszwiebeln putzen, waschen und schräg in dünne Ringe schneiden. Die Knoblauchzehe schälen. Die Auberginen waschen, trockenreiben und die Stielansätze entfernen. Die Früchte in etwa 1 cm dicke Scheiben schneiden.

3. 2 Eßlöffel Öl in einer Pfanne erhitzen und die Frühlingszwiebeln darin glasig dünsten. Danach die Knoblauchzehe dazupressen und darunterrühren. Beides anschließend herausnehmen und beiseite stellen.

4. Weitere 4 Eßlöffel Öl in der Pfanne erhitzen und die Auberginenscheiben darin portionsweise in etwa 5 Minuten von beiden Seiten anbraten, danach auf Küchenpapier abtropfen lassen. Den Backofen auf 200° C vorheizen.

5. Die Tomaten über Kreuz einritzen, für 15 Sekunden in kochendes Wasser geben, abschrecken und enthäuten. Die Stielansätze entfernen und das Fruchtfleisch in etwa 1/2 cm dicke Scheiben schneiden. Den Mozzarella abtropfen lassen und in sehr dünne Scheiben schneiden.

6. Eine große Gratinform mit 1 Eßlöffel Öl auspinseln. Schichtweise Auberginenscheiben, Grünkernschrot, Käse- und Tomatenscheiben sowie Frühlingszwiebeln hineingeben. Zwischen jede Schicht etwas Oregano, Salz und Pfeffer streuen. Die letzte Schicht sollte aus Grünkernschrot und Mozzarella bestehen.

7. Das Gratin mit den restlichen 2 Eßlöffeln Olivenöl beträufeln und im heißen Ofen auf der mittleren Schiene etwa 20 Minuten backen.

Tips *vom Küchenteam*

- *Noch aromatischer wird das Gratin, wenn Sie den Grünkernschrot vor dem Quellen ohne Fett in einer beschichteten Pfanne leicht anrösten.*
- *Mit frischen Kräutern, wie z. B. Thymian und Basilikum, bekommt dieses Gericht eine typische, mediterrane Geschmacksnote.*

Zutaten

750 g vorw. festkochende Kartoffeln
750 ml Milch
etwas Salz
1–2 Bund Frühlingszwiebeln
4 EL Butter
250 g süße Sahne
150 g Blauschimmelkäse
weißer Pfeffer
etwas frisch geriebene Muskatnuß

Kartoffel-Käse-Gratin

fein-würzig · sahnig

- Für 4 Personen
- Zubereitungszeit: ca. 1 Std. (davon 15 Min. Backzeit)
- ca. 550 kcal je Portion
- Dazu paßt Feldsalat mit Speckwürfeln

1. Die Kartoffeln waschen, schälen und in dünne Scheiben schneiden. Die Milch zusammen mit etwas Salz in einen großen Topf geben und zum Kochen bringen. Die Kartoffelscheiben hineingeben und darin ungefähr 15 Minuten garen.

2. Inzwischen die Frühlingszwiebeln putzen, waschen und in weiße und grüne Teile trennen. Das Grün schräg in feine Ringe schneiden und die weißen Zwiebelstücke fein hacken.

3. 1 Eßlöffel Butter in einer Pfanne zerlassen. Die feingehackten Zwiebeln darin glasig dünsten. Das Zwiebelgrün anschließend darunterrühren, etwa 3 Minuten mitdünsten und danach alles aus der Pfanne nehmen und beiseite stellen.

4. Eine Gratinform mit 1 Eßlöffel Butter ausfetten. Die vorgegarten Kartoffelscheiben in ein Sieb schütten, abtropfen lassen und mit den Frühlingszwiebeln in die Gratinform schichten. Den Ofen auf 200° C vorheizen.

5. Die Sahne in einem Topf bei mittlerer Hitze um ein Drittel einkochen lassen. Den Käse mit einer Gabel zerdrücken, zur Sahne geben und darin schmelzen lassen. Die Sauce mit Salz, Pfeffer und Muskat würzen.

6. Die Käse-Sahne-Mischung über die Kartoffelscheiben und die Zwiebelringe gießen. Die restliche Butter in Flöckchen darauf setzen. Das Gratin im heißen Ofen auf der mittleren Schiene 10–15 Minuten backen, bis es beginnt, ganz leicht Farbe zu nehmen.

Kartoffel-Wirsing-Auflauf

deftig · vegetarisch

- Für 4 Personen
- Zubereitungszeit: ca. 1 1/2 Std. (davon 30 Min. Backzeit)
- ca. 420 kcal je Portion

1. Die Kartoffeln waschen, schälen und in etwa 2 cm große Würfel schneiden. Die Würfel in kochendem Salzwasser etwa 20 Minuten garen. Die Zwiebel und den Knoblauch schälen und fein würfeln.

2. Den Wirsing putzen und den Strunk herausschneiden. Die Blätter ablösen, waschen und in kochendem Salzwasser etwa 4 Minuten blanchieren, dann in ein Sieb geben, abschrecken und danach gründlich abtropfen lassen. Das Gemüse anschließend in 1 bis 2 cm breite Streifen schneiden.

3. Die Butter in einem Topf zerlassen und die Zwiebel und den Knoblauch darin kurz andünsten. Die Wirsingstreifen hineingeben, etwa 3 Minuten andünsten und alles mit Salz, Pfeffer und Muskatnuß würzen.

4. Den Ofen auf 175° C vorheizen. Die Tomaten waschen, trockenreiben und die Stielansätze entfernen. Das Fruchtfleisch in etwa 1/2 cm dicke Scheiben schneiden.

5. Die Dickmilch mit der Sahne verquirlen und mit Salz, Pfeffer und Muskat kräftig würzen. Die Kartoffelwürfel in ein Sieb schütten und gut abtropfen lassen. Eine Auflaufform ausfetten.

6. Schichtweise Kartoffeln, Wirsingstreifen und Tomatenscheiben in die Form geben. Nun die Sahne-Dickmilch-Mischung darauf gießen und den Auflauf im heißen Ofen auf der mittleren Schiene etwa 30 Minuten backen.

7. In der Zwischenzeit den Appenzeller entrinden und grob reiben. Den Käse etwa 10 Minuten vor Ende der Garzeit auf den Auflauf streuen und schmelzen lassen.

Zutaten

800 g vorw. festkochende Kartoffeln
etwas Salz
1 Zwiebel
1 Knoblauchzehe
600 g Wirsing (ersatzweise Weißkohl)
4 EL Butter
schwarzer Pfeffer
etwas frisch geriebene Muskatnuß
4 reife Tomaten
100 ml Dickmilch
100 g Sahne
etwas Fett für die Form
50 g Appenzeller

Bulgur-Rüben-Auflauf mit Bergkäse

Zutaten

etwas Salz
200 g Bulgur (oder Couscous)
1 Steckrübe (ca. 1 kg)
300 g Tomaten
1 Stange Lauch
1/2 Bund glatte Petersilie
3 Estragonzweige
150 g Bergkäse
etwas Fett für die Form
2 EL Semmelbrösel
2 Eier
1 Eigelb
125 g Sahne
schwarzer Pfeffer
etwas gemahlener Koriander
2 EL Butter

knackig · fein-würzig

- Für 4 Personen
- Zubereitungszeit: ca. 45 Min. (plus 30 Min. Backzeit und 10 Min. Quellzeit)
- ca. 610 kcal je Portion

1. 350 ml gesalzenes Wasser in einem Topf zum Kochen bringen. Den Bulgur hineingeben, einmal aufkochen und danach etwa 10 Minuten bei schwacher Hitze darin quellen lassen. Die Flüssigkeit soll am Ende der Quellzeit vollständig vom Getreide aufgenommen sein.

2. Von der Steckrübe mit einem scharfen Messer den Stiel- und den Wurzelansatz entfernen. Danach die Steckrübe schälen und erst in 1 cm dicke Scheiben, dann in mundgerechte Stücke schneiden.

3. Reichlich Salzwasser in einem Topf zum Kochen bringen und die Rübenstücke darin etwa 12 Minuten garen. Anschließend eiskalt abschrecken und in einem Sieb gut abtropfen lassen.

4. Inzwischen die Tomaten über Kreuz einritzen, für 15 Sekunden in kochendes Wasser geben, danach abschrecken und enthäuten. Stielansätze entfernen, Fruchtfleisch vierteln, entkernen und grob würfeln.

5. Den Ofen auf 225° C vorheizen. Den Lauch putzen, der Länge nach aufschlitzen, vom Wurzelansatz her waschen und in dünne Streifen schneiden. Diese in kochendem Salzwasser etwa 3 Minuten blanchieren, abschrecken und gut abtropfen lassen.

6. Die Kräuter waschen und trockentupfen. Die Blätter von den Stielen zupfen und fein hacken. Den Käse entrinden und grob reiben. Eine Auflaufform ausfetten und mit Semmelbröseln ausstreuen.

7. Von den Tomatenwürfeln und dem Lauch jeweils die Hälfte beiseite stellen. Den Rest mit den Steckrüben, dem gequollenen Bulgur, 2/3 des geriebenen Käses und den Kräutern vermischen. Das Ganze in die Auflaufform geben und die restlichen Tomaten- und Lauchstücke darauf verteilen.

8. Die Eier, das Eigelb und die Sahne in eine Schüssel geben und mit dem Schneebesen verquirlen. Diese Mischung mit Salz, Pfeffer und Koriander pikant abschmecken und anschließend auf das Gemüse gießen.

9. Den restlichen Käse zusammen mit der Butter auf dem Auflauf verteilen und das Ganze im heißen Ofen auf der mittleren Schiene etwa 30 Minuten backen.

Bulgur

In den Küchen des Nahen Ostens, Nordafrikas und des Mittelmeerraumes ist Bulgur ein wichtiger Bestandteil der täglichen Nahrung. Und auch bei uns gewinnt er immer mehr Anhänger. Bulgur ist im Grunde nichts anderes als ein speziell behandelter Weizen. Der unbehandelte Weizen wird eingeweicht, dann 2 bis 3 Stunden gekocht. Anschließend läßt man ihn an der Luft trocknen, bevor man ihn grob zerkleinert. Der Vorteil dieses Verfahrens: Die Nährstoffe bleiben zum größten Teil erhalten. Vor der Zubereitung muß Bulgur 20 Minuten in kochend heißem Wasser quellen, oder man bringt ihn mit Wasser zum Kochen und gart ihn darin 2 bis 3 Minuten. Anschließend muß man ihn sorgfältig abtropfen lassen. Bulgur paßt sowohl zu süßen als auch zu pikanten Gerichten. Man bekommt ihn fein, mittelfein und grob geschrotet und auch als Vollweizen.

Tips *vom Küchenteam*

- *Anstelle der Steckrübe können Sie auch 800 g Möhren- oder Kohlrabistifte verwenden.*
- *Bulgur oder Couscous bekommen Sie in den Spezialitätenabteilungen größerer Supermärkte oder in türkischen Lebensmittelgeschäften. Es handelt sich bei dieser Zutat um eine besondere Art von Weizengrütze.*

Hirse-Gemüse-Auflauf

Zutaten

250 g Hirse
750 ml Gemüsebrühe (aus Instantpulver zubereitet)
1 Stange Lauch
2 Möhren
1 Kohlrabi
300 g Brokkoli
1 Zwiebel
2 EL Butter
1/2 Bund Dill
1/2 Bund Petersilie
3 Zweige Estragon
80 g Emmentaler
250 g Crème fraîche
1 Ei
etwas Salz
schwarzer Pfeffer

vegetarisch · preiswert

- Für 4 Personen
- Zubereitungszeit: ca. 50 Min. (plus 20 Min. Backzeit und 30 Min. Quellzeit)
- ca. 590 kcal je Portion

1. Die Hirse zusammen mit der Gemüsebrühe in einen Topf geben und zum Kochen bringen, dann zugedeckt bei schwacher Hitze in etwa 30 Minuten ausquellen lassen. Die Flüssigkeit soll am Ende der Quellzeit vollständig von den Körnchen aufgenommen sein.

2. In der Zwischenzeit den Lauch putzen, der Länge nach halbieren und unter fließendem Wasser vom Wurzelansatz her gründlich waschen, danach in schmale Streifen schneiden. Die Möhren putzen, schälen und in dünne Scheiben hobeln.

3. Den Kohlrabi schälen und in 1 cm große Würfel schneiden. Den Brokkoli putzen, waschen und in kleine Röschen zerteilen. Die Stiele eventuell schälen und danach 1 cm groß würfeln. Anschließend die Zwiebeln ebenfalls schälen und fein hacken.

4. 1 Eßlöffel Butter in einem großen Topf zerlassen. Die Zwiebelwürfel darin glasig dünsten. Das gesamte Gemüse dazugeben und kurz andünsten. 1/2 Tasse Wasser angießen, alles mit Salz und Pfeffer würzen und zugedeckt bei mittlerer Hitze etwa 10 Minuten dünsten. Den Backofen auf 200° C vorheizen.

5. Inzwischen die Kräuter kalt abspülen und trockentupfen. Die Blätter von den Stielen zupfen, fein hacken und mit dem Gemüse vermischen. Eine Auflaufform mit dem restlichen Eßlöffel Butter ausfetten. Den Käse entrinden und grob reiben.

6. Die Crème fraîche in einer Schüssel mit dem Ei verquirlen und die Mischung mit Salz und Pfeffer abschmecken. Das mit den Kräutern gemischte Gemüse in die Form geben, die Sauce darauf verteilen und alles mit dem Käse bestreuen. Den Auflauf im heißen Ofen auf der mittleren Schiene etwa 20 Minuten backen.

Rucola-Reis-Gratin

kernig · herzhaft

- Für 4 Personen
- Zubereitungszeit: ca. 35 Min. (plus 15 Min. Backzeit und 30 Min. Quellzeit)
- ca. 610 kcal je Portion
- Dazu paßt Tomatensalat mit Schnittlauchvinaigrette

1. Etwa 1 1/2 l Salzwasser in einem Topf zum Kochen bringen. Den Reis hineinstreuen und bei schwacher Hitze zugedeckt 15 bis 20 Minuten quellen lassen. Danach in ein Sieb schütten und gut abtropfen lassen.

2. In der Zwischenzeit den Rucola verlesen, waschen und trockenschleudern. Die Stiele entfernen und die Blätter in etwa 1 cm breite Streifen schneiden. Die Zwiebel schälen und fein hacken.

3. 2 Eßlöffel Butter in einer Pfanne zerlassen. Die Zwiebelwürfel darin glasig dünsten, anschließend die Rucolastreifen dazugeben und etwa 2 Minuten mitdünsten. Das Gemüse mit Pfeffer würzen und beiseite stellen. Den Ofen auf 225° C vorheizen.

4. Die Schinkenscheiben übereinanderlegen und in Streifen schneiden. Den Käse entrinden und grob raspeln. Eine Gratinform mit der restlichen Butter ausfetten.

5. Abwechselnd gegarten Reis, Käse, Rucola und Schinkenstreifen in die Form schichten. Es sollten möglichst viele Schichten sein, und die letzte sollte aus Käse bestehen.

6. Das Gratin im heißen Ofen auf der mittleren Schiene etwa 15 Minuten backen.

Zutaten

etwas Salz
250 g Langkornreis
800 g Rucola (Rauke)
1 Zwiebel
3 EL Butter
schwarzer Pfeffer
400 g gekochter Schinken (in Scheiben)
400 g Fontina (ital. Rohmilchkäse)

Stück für Stück ein Hochgenuß – Käse

Ohne ihn läuft beim Thema Aufläufe nichts. Und das im wahrsten Sinne des Wortes. Denn der zarte Schmelz des Käses verbindet sich mit Gemüse und Obst, Fleisch und Fisch, Getreide und Nudeln zu einer immer wieder reizvollen und interessanten Einheit.

Die Vielfalt aus Kuh-, Schafs- oder Ziegenmilch ist grenzenlos. Und je nach Rezept lassen sich daraus immer wieder neue Köstlichkeiten zubereiten: mal deftig, mal fein, mal herzhaft und mal süß gewürzt. So zahlreich die Käsesorten, so verschieden sind auch die Aromen. Da gibt es ausgesprochen kräftigen Käse, wie den Parmesan oder den Emmentaler, die sich besonders gut gerieben als Würze eignen. Ideale Auflaufpartner sind aber auch halbweiche und halbfeste Schnittkäse- sowie halbharte Käsesorten. Kulinarische Vielfalt bieten auch die Weichkäsesorten mit dem Blau- und Weißschimmel und der Rotschmiere. Und komplett wird die große Käsefamilie mit den Sauermilch- und den Frischkäsesorten sowie mit den Filata-, Brüh- und Knetkäsesorten, zu denen unter anderem Mozarella und Provolone gehören.

Nudelauflauf vom Blech

Zutaten
etwas Salz
400 g Tagliatelle (Bandnudeln)
750 g Lauch
500 g Tomaten
etwas Fett für das Blech
600 g gekochter Schinken (in dicken Scheiben)
300 g Gruyère
500 g körniger Frischkäse
250 g Sahne
250 ml Milch
4 Eier
1 TL Paprikapulver edelsüß
schwarzer Pfeffer
etwas Cayennepfeffer
3 EL Butter

für Gäste · herzhaft

- Für 4–6 Personen
- Zubereitungszeit: ca. 1 1/4 Std. (davon 45 Min. Backzeit)
- ca. 840 kcal je Portion (bei 4 Personen)
- Dazu paßt gemischter Salat mit Joghurtdressing

1. 3 l Salzwasser in einem großen Topf zum Kochen bringen. Die Nudeln hineingeben und in etwa 10 Minuten nicht ganz gar kochen, danach in ein Sieb schütten, eiskalt abschrecken und gut abtropfen lassen.

2. Inzwischen den Lauch putzen, der Länge nach halbieren und unter fließendem Wasser vom Wurzelansatz her gründlich waschen. Den Lauch in schmale Streifen schneiden und in kochendem Salzwasser etwa 3 Minuten blanchieren. Das Gemüse anschließend in ein Sieb schütten, abschrecken und gut abtropfen lassen.

3. Die Tomaten waschen, trockenreiben und vierteln. Dabei die Stielansätze entfernen. Ein Backblech sorgfältig ausfetten.

4. Die Schinkenscheiben übereinanderlegen und in feine Streifen schneiden. Den Käse entrinden und grob reiben. Den Ofen auf 180° C vorheizen.

5. Eine Schicht Nudeln auf dem Backblech verteilen. Darauf den Lauch, die Schinkenstreifen und die Tomatenviertel so anordnen, daß dabei ein schönes Linienmuster entsteht.

6. Den Frischkäse zusammen mit der Sahne, der Milch und den Eiern in eine Schüssel geben und mit dem Schneebesen verquirlen. Die Mischung mit Paprikapulver, Salz, Pfeffer und Cayennepfeffer sehr kräftig abschmecken und sie dann auf dem Auflauf verteilen. Dabei etwas am Blech rütteln, damit die Flüssigkeit auch überall hingelangt.

7. Das vorbereitete Gericht mit den Käseraspeln bestreuen. Die Butter als Flöckchen darauf setzen und alles auf der mittleren Schiene im heißen Ofen etwa 45 Minuten backen.

Tips *vom Küchenteam*

✱ *Bei der Zusammenstellung der Gemüsesorten können Sie sich ganz nach dem Marktangebot und der Saison richten. Sehr gut schmecken auch Brokkoliröschen, Möhren, Mangold und Champignons.*

✱ *Der Auflauf läßt sich sehr gut vorbereiten, wenn Gäste kommen. Durch die lange Backzeit bleibt genügend Zeit, die Küche aufzuräumen und den Tisch zu decken.*

Gruyère

Die Burg Gruyère im Schweizer Kanton Fribourg gab diesem würzigen Käse seinen Namen, der übrigens nach wie vor der Lieblingskäse der Eidgenossen ist. Gruyère, auch Greyerzer genannt, ist ein Rohmilchkäse, der bis zu 50 % Fett i. Tr. haben kann. Der Käselaib hat einen Durchmesser von durchschnittlich 55 cm und wiegt 20 bis 50 kg. Er hat etwa erbsengroße Löcher, allerdings nicht ganz so viele wie sein größerer Bruder, der Emmentaler. Nach einer vier- bis achtmonatigen Reifezeit hat er ein kräftiges Aroma und die – für die Vertreter der Hartkäse – so typische feinkörnige, trockene Schmiere. Gruyère eignet sich besonders gut zum Reiben und Gratinieren sowie für Saucen und Fondues.

Eine Spezialität für den verwöhnten Gaumen – selbstgemachte Nudeln in allen Formen und Farben.

Zutaten

500 g reife Tomaten
1 kleine Zwiebel
1 Lorbeerblatt
1 TL Speisestärke
etwas Salz
schwarzer Pfeffer
1 Prise Zucker
1 EL Butter
600 g Zucchini
3 EL Olivenöl
300 g Tortellini (aus dem Kühlregal)
250 g Ricotta (ital. Frischkäse)
etwas Milch
etwas Fett für die Form
50 g Pecorino

Zucchini-Tortellini-Gratin

aus Italien · fein-würzig

- Für 4 Personen
- Zubereitungszeit: ca. 1 Std. (davon 15 Min. Backzeit)
- ca. 640 kcal je Portion
- Dazu paßt Tomatensalat mit Kräutervinaigrette

1. Die Tomaten waschen, trockenreiben und in Stücke schneiden, dabei die Stielansätze entfernen. Die Zwiebel schälen und fein hacken.

2. Beides zusammen mit dem Lorbeerblatt in einen Topf geben, etwas Wasser angießen und alles im geschlossenen Topf etwa 7 Minuten dünsten. Das Ganze danach durch ein Sieb streichen und das Püree in einem Topf erneut zum Kochen bringen. Die Schalen und das Lorbeerblatt wegwerfen.

3. Die Speisestärke mit 1 bis 2 Eßlöffeln Wasser glattrühren, in die Tomatensauce gießen, unter Rühren einmal aufkochen lassen und mit Salz, Pfeffer und Zucker abschmecken. Zum Schluß die Butter zur Tomatensauce geben.

4. Die Zucchini waschen, und die Blüten- und die Stielansätze entfernen. Die Früchte der Länge nach in etwa 1/2 cm dicke Scheiben schneiden.

5. Das Öl in einer großen Pfanne erhitzen und die Zucchinischeiben darin etwa 5 Minuten von beiden Seiten anbraten. Die Tortellini nach Anweisung auf der Packung garen und danach abgießen. Ricotta mit etwas Milch glattrühren. Den Ofen auf 250° C vorheizen.

6. Eine ovale Gratinform ausfetten. Die Zucchini hineinlegen. Darauf abwechselnd Tortellini, Tomatensauce und Ricotta schichten. Den Käse entrinden und reiben. Das Gratin damit bestreuen und im Ofen auf der mittleren Schiene etwa 15 Minuten überbacken.

Überbackene Rigatoni

aus Italien · würzig
- Für 4 Personen
- Zubereitungszeit: ca. 1¼ Std. (davon 20 Min. Backzeit)
- ca. 920 kcal je Portion

1. Die Zwiebel und die Knoblauchzehen schälen und beides sehr fein würfeln. Die Oliven zusammen mit den getrockneten Tomaten fein hacken. Den Oregano waschen und trockentupfen. Die Blätter von den Stielen zupfen und kleinschneiden.

2. Das Öl in einer Pfanne erhitzen. Die Zwiebeln und den Knoblauch darin etwa 3 Minuten andünsten. Den Weißwein angießen, die Kräuter darunterrühren und alles bei starker Hitze in 3 bis 4 Minuten auf ein Drittel einkochen lassen.

3. Die geschälten Tomaten zusammen mit der Flüssigkeit in die Sauce geben und darin mit einer Gabel etwas zerdrücken. Die getrockneten Tomaten und die Oliven hinzufügen, alles mit Salz und Pfeffer pikant abschmecken und ohne Deckel bei mittlerer Hitze etwa 15 Minuten köcheln lassen.

4. In der Zwischenzeit die Rigatoni in reichlich kochendes Salzwasser geben und in etwa 10 Minuten bißfest kochen, in ein Sieb schütten und gut abtropfen lassen.

5. Die Wurst häuten und in Scheiben schneiden. Diese anschließend in die Sauce geben und darin kurz erhitzen. Den Ofen auf 200° C vorheizen.

6. Eine Auflaufform ausfetten. Die Rigatoni mit der Sauce vermischen und alles in die Form geben.

7. Den Provolone entrinden und in Scheiben schneiden. Diese auf den Nudeln verteilen. Den Parmesan grob reiben und auf die Rigatoni und den Käse streuen. Das Ganze im heißen Ofen auf der mittleren Schiene etwa 20 Minuten überbacken.

Zutaten

1 Zwiebel
2 Knoblauchzehen
12 schwarze Oliven (ohne Stein)
5 getr. Tomaten
3 Zweige Oregano
2 EL Olivenöl
100 ml trockener Weißwein
1 El gehackte Petersilie
1 große Dose geschälte Tomaten (ca. 800 g)
etwas Salz
schwarzer Pfeffer
300 g Rigatoni (kleine, dicke Röhrennudeln)
350 g Knoblauchwurst
etwas Fett für die Form
175 g Provolone (ital. Hartkäse)
50 g Parmesan

Lammpilaw mit Datteln und Feigen

Zutaten
- 500 g Lammschulterfleisch
- 1 Zwiebel
- 1 Knoblauchzehe
- 4 EL Olivenöl
- 180 g Rundkornreis
- 400 ml Brühe
- 200 g frische Feigen
- 80 g frische Datteln
- 150 g Gouda
- etwas Salz
- Cayennepfeffer
- 3 Eier
- 100 g Sahne
- 3 EL Mandelstifte

orientalisch · fruchtig-herb
- Für 4 Personen
- Zubereitungszeit: ca. 2 Std. (davon 45 Min. Backzeit)
- ca. 1 000 kcal je Portion
- Dazu paßt grüner Salat mit Joghurtdressing

1. Das Fleisch unter kaltem Wasser abspülen, mit Küchenpapier trockentupfen und in 2 cm große Würfel schneiden. Die Zwiebel und die Knoblauchzehe schälen und sehr fein hacken.

2. 2 Eßlöffel Öl in einem großen Topf erhitzen. Die Fleischwürfel darin in etwa 6 Minuten von allen Seiten anbraten, danach herausnehmen und beiseite stellen.

3. Die restlichen 2 Eßlöffel Öl in den Topf geben, erhitzen und die Zwiebel und den Knoblauch darin andünsten. Den Reis dazugeben und im Fett so lange anbraten, bis er glasig ist.

4. Die Hühnerbrühe angießen, das Ganze durchrühren und etwa 5 Minuten zugedeckt köcheln lassen. Danach das Fleisch dazugeben und den Pilaw bei schwacher Hitze im geschlossenen Topf noch etwa 15 Minuten garen. Den Backofen auf 180° C vorheizen.

5. Inzwischen die Feigen schälen und in kleine Würfel schneiden. Die Datteln entkernen und ebenfalls würfeln. Den Käse entrinden und fein reiben.

6. Die Früchte unter den noch nicht ganz fertig gegarten Pilaw heben und alles mit Salz und Cayennepfeffer pikant abschmecken. Eine feuerfeste Form ausfetten und die Mischung hineinfüllen.

7. Die Eier mit der Sahne und der Hälfte des geriebenen Käses verrühren und auf dem Reis verteilen. Den restlichen Gouda und die Mandelstifte auf den Auflauf streuen. Das Ganze im heißen Ofen auf der mittleren Schiene etwa 45 Minuten backen.

Tips *vom Küchenteam*

- *Wenn Sie keine Datteln bekommen, ersetzen Sie diese durch Aprikosen. Natürlich können Sie auch getrocknete Früchte nehmen. Sie brauchen dann jedoch nur die Hälfte der jeweils angegebenen Menge, weil diese Früchte sehr süß und intensiv sind.*
- *Falls Sie kein Lammfleisch mögen, tauschen Sie es durch die gleiche Menge Putenfleisch aus. Die Zubereitung ändert sich nicht.*

Fruchtiges Hähnchengratin mit Reis

Zutaten

250 g getrocknete, ungeschwefelte Aprikosen
5 EL Aprikosensaft
etwas Salz
250 g Langkornreis
400 g Hähnchenbrustfilet
2 EL Butter
weißer Pfeffer
100 g ungeschwefelte Rosinen
150 g Schmand (saure Sahne mit 24% F. i.Tr.)
2–3 EL Mangochutney
etwa 2 EL Currypulver
250 g Sahnequark

fernöstlich · süß-herb

- Für 4 Personen
- Zubereitungszeit: ca. 30 Min. (plus 1 1/4 Std. Quellzeit und 20 Min. Backzeit)
- ca. 780 kcal je Portion
- Dazu paßt grüner Salat mit Zitronendressing

1. Die Aprikosen in etwa 1/2 cm große Würfel schneiden und in eine Schüssel geben, mit dem Aprikosensaft begießen und für etwa 1 Stunde darin einweichen.

2. Inzwischen reichlich Salzwasser in einem großen Topf zum Kochen bringen, den Reis hineinstreuen und bei schwacher Hitze zugedeckt etwa 20 Minuten quellen lassen. Den Reis danach in ein Sieb schütten.

3. Das Hähnchenbrustfilet kalt abspülen mit Küchenpapier trockentupfen und in etwa 1 cm breite Streifen schneiden. 1 Eßlöffel Butter in einer Pfanne erhitzen. Das Fleisch darin von allen Seiten etwa 5 Minuten anbraten und danach mit Salz und Pfeffer würzen.

4. Die Rosinen in einem Sieb heiß abspülen und danach mit Küchenpapier trockentupfen. Eine Gratinform mit der restlichen Butter ausfetten. Den Ofen auf 220° C vorheizen.

5. Den Schmand in einer Schüssel mit dem Mangochutney, 1 Eßlöffel Currypulver, Salz und Pfeffer sehr pikant abschmecken. Diese Mischung unter den Reis rühren.

6. Die Rosinen und die eingeweichten Aprikosen unter die Reismasse mischen und zum Schluß die Hähnchenbruststreifen darunterheben. Das Ganze in die Gratinform geben.

7. Den Quark mit 1 Eßlöffel Currypulver, Salz und Pfeffer würzen, anschließend gleichmäßig über dem Gratin verteilen und alles mit etwas Curry bestäuben. Das Ganze im heißen Ofen auf der mittleren Schiene etwa 15 Minuten überbacken.

Fisch-Reis-Gratin mit Kokoskruste

knusprig · exotisch
- Für 4 Personen
- Zubereitungszeit: ca. 45 Min. (plus 45 Min. Backzeit und 20 Min. Quellzeit)
- ca. 670 kcal je Portion

1. Reichlich gesalzenes Wasser zum Kochen bringen. Den Reis hineinstreuen und etwa 20 Minuten bei schwacher Hitze quellen lassen. Anschließend den Reis in ein Sieb schütten und abtropfen lassen.

2. Inzwischen den Fisch kalt abspülen, mit Küchenpapier trockentupfen und in mundgerechte Stücke zerteilen. Diese mit 1 Eßlöffel Zitronensaft beträufeln, salzen, pfeffern und kurz durchziehen lassen.

3. Die Zwiebeln schälen, eine davon in Ringe schneiden und die andere fein hacken. 125 ml Wasser, den Sherry, die Zwiebelringe, etwas Salz und Pfeffer in einen Topf geben und aufkochen lassen.

4. Die Fischstücke hineingeben und darin bei schwacher Hitze 6 bis 8 Minuten dünsten, anschließend herausnehmen und in einem Sieb gut abtropfen lassen.

5. Den Fischfond durch ein Sieb gießen und dabei auffangen. 3 Eßlöffel Butter in einem zweiten Topf zerlassen. Die gehackte Zwiebel darin glasig dünsten, danach das Mehl dazugeben und anschwitzen. Den Fischfond, die Kokosmilch und den restlichen Zitronensaft angießen, alles mit Salz, Pfeffer Ingwer und Koriander würzen und einmal aufkochen lassen.

6. Den Ofen auf 180° C vorheizen. Eine Gratinform ausfetten. Abwechselnd gegarten Reis, Kokosnußsauce und Fischstücke hineinschichten und das Ganze zuletzt mit der Sauce bedecken.

7. Den Käse fein reiben, mit den Kokosraspeln vermischen und auf dem Gratin verteilen. Die restliche Butter in Flöckchen darauf setzen und alles im Ofen etwa 45 Minuten backen.

Zutaten

etwas Salz
200 g Langkornreis
500 g Kabeljaufilet
3 EL Zitronensaft
weißer Pfeffer
2 kleine Zwiebeln
5 EL trockener Sherry (z.B. Amontillado)
6 EL Butter
3 EL Mehl
200 g ungesüßte Kokosmilch (aus der Dose)
etwas gemahlener Ingwer
etwas gemahlener Koriander
etwas Fett für die Form
200 g Butterkäse, entrindet
3 EL Kokosraspel

Zutaten

1 kg vorwiegend festkochende Kartoffeln
etwas Salz
100 g Raclettekäse
etwas Fett für die Form
300 g Nordseekrabben (ohne Schale)
2 EL gehackter Dill
$1^{1}/_{2}$ EL Butter
200 g Sahne
weißer Pfeffer
etwas frischgeriebene Muskatnuß

Kartoffel-Krabben-Gratin

fein · skandinavisch

- Für 4 Personen
- Zubereitungszeit: ca. 50 Min. (davon 15 Min. Backzeit)
- ca. 530 kcal je Portion
- Dazu paßt Gurkensalat mit Sahnedressing

1. Die Kartoffeln waschen, schälen und in 2 bis 3 mm dicke Scheiben schneiden. Diese in kochendem Salzwasser etwa 12 Minuten garen.

2. Inzwischen den Käse entrinden und grob reiben. Eine Gratinform ausfetten. Den Ofen auf 225° C vorheizen.

3. Die Kartoffeln in ein Sieb schütten, sehr gut abtropfen lassen und anschließend die Hälfte davon dachziegelartig in die Gratinform schichten. Die Krabben, den Dill und die Hälfte des Käses darauf verteilen. Das Gratin mit Butterflöckchen belegen und die restlichen Kartoffelscheiben darauf anordnen.

4. Die Sahne mit Salz, Pfeffer und Muskatnuß kräftig würzen und auf das Gratin gießen.

5. Den restlichen Käse auf dem vorbereiteten Gericht verteilen und das Ganze im heißen Ofen auf der mittleren Schiene etwa 15 Minuten überbacken.

Tips *vom Küchenteam*

- *Ersetzen Sie zur Abwechslung die Krabben durch 300 g Räucherlachsstreifen, und würzen Sie die Sahne dann mit 1 bis 2 Eßlöffeln frisch geriebenem Meerrettich und einer Prise Zucker.*
- *Noch pikanter wird das Gratin, wenn Sie anstelle des Raclettekäses 100 g Emmentaler oder Appenzeller verwenden.*
- *Ganz klassisch wird nach diesem nordischen Gericht ein Aquavit serviert.*

Bündner Maisgrieß-auflauf mit Speck

aus der Schweiz · sehr deftig

- Für 4 Personen
- Zubereitungszeit: ca. 1 1/4 Std. (davon 50 Min. Backzeit)
- ca. 1 190 kcal je Portion
- Dazu paßt gemischter Blattsalat mit Vinaigrette

1. Die Kartoffeln waschen, schälen und etwa 1 1/2 cm groß würfeln. Die Pelle von der Salami abziehen und sie zusammen mit dem Speck in kleine Würfel schneiden.

2. Die Rosinen heiß abspülen und in einem Sieb abtropfen lassen. Eine Auflaufform mit 1 Eßlöffel Butter ausfetten. Das restliche Fett in einem Topf zerlassen. Den Ofen auf 180° C vorheizen.

3. Ein Drittel der Speckwürfel und der Rosinen beiseite stellen. Die übrigen Rosinen zusammen mit dem restlichen Speck, Salami- und Kartoffelwürfeln, Mehl, Grieß, Salz und zerlassener Butter in eine Schüssel geben. Die Milch angießen und alles so lange verrühren, bis ein dicklicher Brei entstanden ist (siehe Tip).

4. Den Brei in die gefettete Auflaufform füllen. Die beiseite gelegten Speckwürfel und Rosinen darauf streuen. Den Auflauf im heißen Ofen auf der mittleren Schiene etwa 50 Minuten garen.

Tip *vom Küchenteam*

- *Die Auflaufmasse, die nach Schritt 3 in die Form gefüllt wird, sollte eine weder zu flüssige noch zu feste Konsistenz haben. Falls sie zu fest ist, geben Sie noch etwas Milch dazu, ist sie zu flüssig, rühren Sie noch etwas Mehl oder Grieß darunter.*

Zutaten

200 g vorw. festkochende Kartoffeln
100 g Salami (am Stück)
200 g durchwachsener Speck
100 g ungeschwefelte Rosinen
100 g Butter
150 g Mehl
300 g Maisgrieß
1 TL Salz
500 ml Milch

Eine süße Sünde wert

Ein Biß genügt, und schon schwebt man im siebten Schlemmerhimmel. Vollaromatische, saftige Früchte, feinste Schokolade, zartes Gebäck, fruchtige Liköre und kernige Nüsse vereinen sich unter luftig-lockerem Eischnee, Marzipan oder Eiersahne zu einer kulinarischen Köstlichkeit, der einfach niemand widerstehen kann. Zudem sind süße Aufläufe und Gratins auch noch ausgesprochen vielseitig, denn sie schmecken sowohl als süßes Hauptgericht als auch als kleines Dessert. Für jeden Anlaß und für jeden Geschmack – mal aufwendig, oft aber ganz einfach – finden große und kleine Naschkatzen auf den folgenden Seiten Klassiker und neue Kreationen. Vergessen Sie für einen kurzen Augenblick das lästige Kalorienzählen, begleiten Sie uns auf eine Reise durch das Schlaraffenland, und lassen Sie sich von diesen süßen Happen verführen.

Brötchenauflauf mit Pfirsichen

Zutaten
6 Milchbrötchen
400 ml Milch
500 g reife Pfirsiche
etwas Fett für die Form
4 Eier
3 EL Puderzucker
250 g Magerquark
50 g Rumrosinen (siehe Tips)
1 EL Zucker
$^{1}/_{2}$ TL Zimtpulver
2 EL Butter

für Anfänger · fruchtig-herb

- Für 4 Personen
- Zubereitungszeit: ca. 50 Min. (davon 20 Min. Backzeit)
- ca. 580 kcal je Portion

1. Die Brötchen in $^{1}/_{2}$ cm dicke Scheiben schneiden, diese in eine flache Schüssel legen, mit 300 ml Milch beträufeln und kurz durchziehen lassen.

2. Die Pfirsiche etwa 10 Sekunden in kochendes Wasser geben, anschließend kalt abschrecken und häuten. Das Fruchtfleisch halbieren und die Kerne entfernen. Die Pfirsichhälften in Spalten schneiden. Den Backofen auf 200° C vorheizen.

3. Eine Auflaufform ausfetten. Den Boden der Form mit der Hälfte der eingeweichten Brötchenscheiben auslegen.

4. 2 Eier mit dem Puderzucker in einer Schüssel verquirlen. Den Quark darunterrühren und zuletzt die Rosinen unterheben. Diese Mischung auf den Brötchenscheiben verteilen und die Pfirsichspalten darauf legen.

5. Den Zucker in einer Tasse mit dem Zimt vermischen und alles über die Pfirsiche streuen. Die restlichen, eingeweichten Brötchenscheiben auf den Früchten verteilen.

6. Die Butter in einem kleinen Topf zerlassen und auf die Brötchen träufeln. Den Auflauf auf der mittleren Schiene etwa 5 Minuten backen.

7. Inzwischen die restlichen 100 ml Milch mit den 2 Eiern verquirlen. Den Auflauf aus dem Ofen nehmen, die Eier-Milch-Mischung angießen und alles weitere 15 Minuten auf der mittleren Schiene backen, bis sich eine goldgelbe Kruste gebildet hat.

Tips *vom Küchenteam*

* *Wenn Sie keine frischen Pfirsiche bekommen, können Sie auch Früchte aus der Dose verwenden. Die Zubereitung des Gerichtes ändert sich nicht.*

* *Rumrosinen gibt es schon fertig eingelegt zu kaufen. Sie können sie jedoch auch selbst zubereiten, indem Sie 3 bis 4 Eßlöffel Rosinen mit 2 Eßlöffeln Rum vermischen. Das Ganze muß etwa 2 Stunden quellen und sollte öfters durchgerührt werden, damit sich die Flüssigkeit gleichmäßig verteilt.*

Der Pfirsich stammt ursprünglich aus China, wird heute jedoch in vielen warmen Gebieten mit gemäßigtem Klima kultiviert.

Apfel-Kürbis-Gratin mit Nußhaube

Zutaten
400 g Kürbis
3 säuerliche, rotschalige Äpfel
2 EL Zitronensaft
5 EL Butter
3–4 EL brauner Zucker (ersatzweise brauner Rohrzucker)
1 TL Zimt
100 g gehackte Walnußkerne
etwas Fett für die Form

fruchtig · herbstlich

- Für 4 Personen
- Zubereitungszeit. ca. 1 1/4 Std. (davon 45 Min. Backzeit)
- ca. 390 kcal je Portion

1. Den Kürbis schälen, die Kerne herausschaben und das Fruchtfleisch in dünne Scheiben schneiden.

2. Die Äpfel waschen und trockenreiben, dann vierteln, die Kerngehäuse herausschneiden und die Viertel noch einmal längs halbieren. Die Spalten sofort mit etwas Zitronensaft beträufeln.

3. Den Ofen auf 175° C vorheizen. 3 Eßlöffel Butter in einer Pfanne zerlassen. Den Zucker darin karamelisieren. Den Zimt und die Walnußkerne darunterrühren und das Ganze anschließend vom Herd nehmen.

4. Eine flache Gratinform ausfetten. Abwechselnd Kürbisscheiben, Nuß-Zucker-Mischung und Apfelspalten hineingeben.

5. Die restliche Butter in Flöckchen auf das Gratin setzen und dieses im heißen Ofen auf der mittleren Schiene etwa 45 Minuten backen. Das Gratin eventuell nach der Hälfte der Backzeit mit Alufolie abdecken.

Tip *vom Küchenteam*

- *Es ist sehr wichtig, daß Sie eine Apfelsorte mit säuerlichem Aroma wählen, sonst schmeckt das Gratin nach dem Backen leicht fade. Gut eignen sich die Sorten Boskop, Cox Orange und Jonagold.*

Ananas-Quark-Auflauf

locker · unkompliziert

- Für 4 Personen
- Zubereitungszeit: ca. 1 Std. (davon 40 Min. Backzeit)
- ca. 660 kcal je Portion
- Dazu paßt Vanilleeis

1. Die Eier trennen. Die Eigelbe in eine Schüssel geben und zusammen mit 75 g Butter, dem Zucker und dem Vanillezucker mit den Rührbesen des elektrischen Handrührgeräts schaumig rühren.

2. Den Quark in ein Sieb geben und darin sehr gut abtropfen lassen. Danach den Quark mit der abgeriebenen Zitronenschale, dem Grieß und der Milch zu der Eigelb-Zucker- Masse geben und alles gut verrühren. Den Ofen auf 200° C vorheizen.

3. Die Eiweiße sehr steifschlagen und mit dem Schneebesen vorsichtig unter die Quarkmasse heben. Eine Auflaufform ausfetten und die Hälfte der Mischung hineinfüllen.

4. Die Ananasstücke in einem Sieb gut abtropfen lassen und anschließend auf dem vorbereiteten Auflauf verteilen. Die restliche Quarkmasse auf die Früchte streichen.

5. 2½ Eßlöffel Butter in Flöckchen auf den Auflauf setzen, die Kokosraspel darauf streuen und das Ganze im heißen Ofen auf der mittleren Schiene in etwa 40 Minuten goldbraun backen.

Tips *vom Küchenteam*

- *Selbstverständlich können Sie dieses Gericht auch mit anderen Obstsorten, wie z. B. 500 g Sauerkirschen, Zwetschgen oder Aprikosen zubereiten.*
- *Heben Sie den Eischnee immer ganz vorsichtig mit dem Schneebesen unter. Wird er zu stark gerührt, fällt die luftige Masse schnell in sich zusammen und der Auflauf wird nicht so locker.*

Zutaten

3 Eier
100 g Butter
75 g Zucker
1 P. Vanillezucker
500 g Magerquark
abgeriebene Schale von 1 unbehandelten Zitrone
75 g Weizengrieß
5 EL Milch
etwas Fett für die Form
1 große Dose Ananasstücke
2 EL Kokosraspel

Zwetschgenauflauf

Zutaten

500 ml Rotwein
2 TL gemahlener Zimt
abgeriebene Schale von 1 unbehandelten Orange
350 g Honigkuchen
1 kg Zwetschgen
4 EL Zwetschgenwasser
4 Eier
80 g Butter
75 g Zucker
etwas Fett für die Form
2 EL Puderzucker

locker · fruchtig-herb

- Für 4 Personen
- Zubereitungszeit: ca. 1 1/2 Std. (davon 40 Min. Backzeit)
- ca. 800 kcal je Portion

1. Den Rotwein in einen Topf gießen. 1 Prise Zimtpulver und die Hälfte der abgeriebenen Orangenschale dazugeben und alles einmal aufkochen lassen.

2. Den Honigkuchen in etwa 1 cm dicke Scheiben schneiden, diese in eine Schüssel legen und mit dem heißen Rotwein begießen. Das Ganze mindestens 10 Minuten durchziehen lassen.

3. Inzwischen die Zwetschgen waschen, halbieren und entsteinen. 1 Teelöffel Zimt mit dem Zwetschgenwasser verrühren, die Zwetschgen mit dieser Mischung beträufeln und alles ebenfalls 10 Minuten durchziehen lassen. Die Früchte zwischendurch öfter durchrühren, damit sich die Flüssigkeit gleichmäßig verteilt.

4. Die Eier trennen. 50 g weiche Butter mit dem Zucker, den Eigelben und der restlichen Orangenschale in eine Schüssel geben und mit den Rührbesen des elektrischen Handrührgerätes schaumig schlagen. Den Ofen auf 200° C vorheizen.

5. Den Honigkuchen leicht ausdrücken und unter die Eigelb-Zucker-Masse rühren. Die Eiweiße steifschlagen. Zuerst die Zwetschgenhälften und danach den Eischnee unter die Honigkuchenmasse heben.

6. Eine Auflaufform ausfetten und die vorbereitete Masse hineingeben. Den Auflauf im heißen Backofen auf der mittleren Schiene ungefähr 30 Minuten backen.

7. Die restlichen 3 Eßlöffel Butter in Flöckchen auf den Auflauf setzen und diesen weitere 10 Minuten backen. 1 Teelöffel Zimt mit dem Puderzucker vermischen und vor dem Servieren über den Auflauf sieben.

Tips *vom Küchenteam*

- *Wenn Sie keinen Honigkuchen bekommen, ersetzen Sie ihn durch 350 g Sand- oder Marmorkuchen. Dieser wird ebenfalls in Scheiben geschnitten und mit dem Rotwein getränkt.*
- *Dieser Auflauf schmeckt auch mit 1 kg Orangen und 100 g Kumquats sehr gut. Die geschälten Orangen werden grob zerkleinert, die Kumquats in dünne Scheiben geschnitten. Beides wird anschließend mit 4 EL Grand Marnier und dem Zimt mariniert und wie im Rezept beschrieben weiterverarbeitet.*
- *Wenn Kinder mitessen, sollten Sie auf das Zwetschgenwasser verzichten und statt dessen 4 Eßlöffel Fruchtsaft nehmen.*

Zutaten
250 g Erdbeeren
200 g Brombeeren
150 g Heidelbeeren
etwas Fett für die Förmchen
4 TL Puderzucker
100 g Marzipanrohmasse
3 EL Mandellikör (Amaretto)
3 Eier
2 EL flüssiger Honig
5 EL Zucker
etwas Salz
1 EL Mehl

Waldbeeren-Mandel-Gratin

fein · aromatisch-fruchtig

- Für 4 Personen
- Zubereitungszeit: ca. 45 Min. (davon 25 Min. Backzeit)
- ca. 420 kcal je Portion
- Dazu paßt Vanilleeis

1. Die Erdbeeren putzen, waschen und die Stiele abzupfen. Größere Früchte vierteln, kleinere halbieren. Die Brombeeren und die Heidelbeeren verlesen, waschen und trockentupfen.

2. 4 kleine Gratinförmchen ausfetten. Die Beeren darin verteilen und jeweils mit 1 Teelöffel Puderzucker bestäuben.

3. Die Marzipanrohmasse weichkneten, den Mandellikör daruntermischen und beides zu einer einheitlichen Masse verarbeiten. Den Ofen auf 200° C vorheizen.

4. Die Eigelbe zusammen mit dem flüssigen Honig und dem Zucker in eine Schüssel geben und mit den Rührbesen des elektrischen Handrührgeräts schaumig schlagen. Die Marzipanmasse daruntermischen.

5. Die Eiweiße mit etwas Salz schnittfest schlagen und zusammen mit dem Mehl unter die Eigelb-Marzipan-Mischung heben.

6. Die luftige Eier-Marzipan-Masse auf den Beeren verteilen. Das Gratin im heißen Ofen auf der mittleren Schiene in etwa 25 Minuten goldgelb backen.

Tip *vom Küchenteam*

- *Wenn es schnell gehen soll, können Sie auch auf eine fertige Beerenmischung aus der Tiefkühltruhe zurückgreifen. Allerdings sollten Sie diese vor dem Überbacken in einem Sieb auftauen und abtropfen lassen.*

Grapefruit-Mascarpone-Gratin

herb-süß · unkompliziert

- Für 4 Personen
- Zubereitungszeit: ca. 35 Min. (davon 20 Min. Backzeit)
- ca. 550 kcal je Portion

Zutaten

4 rosa Grapefruits
4 Zweige Pfefferminze
etwas Fett für die Förmchen
2 EL Orangenlikör (Grand Marnier)
250 g Mascarpone (ital. Frischkäse)
2 Eier
2 EL flüssiger Honig
50 g gehackte Haselnüsse

1. Die Grapefruits sorgfältig schälen, so daß die gesamte weiße Haut entfernt ist. Die Filets zwischen den Trennwänden herausschneiden und den abtropfenden Saft dabei auffangen. Die Minze waschen, trockentupfen und die Blätter von den Stielen zupfen. Die Hälfte des Grüns fein hacken, die restlichen Blätter unzerkleinert zum Garnieren aufbewahren.

2. 4 kleine Gratinförmchen ausfetten. Die Fruchtfilets darin blütenförmig anrichten und die gehackten Kräuter darauf verteilen.

3. Den Grapefruitsaft mit dem Orangenlikör verrühren, über die Grapefruitspalten träufeln und alles etwa 10 Minuten durchziehen lassen. Den Backofen auf 200° C vorheizen.

4. Den Mascarpone, die Eier und den Honig in eine Schüssel geben und mit den Rührbesen des elektrischen Handrührgerätes so lange quirlen, bis die Masse cremig ist. Zum Schluß die gehackten Nüsse darunterheben.

5. Diese Masse gleichmäßig auf den Grapefruitspalten verteilen. Die Gratins im heißen Ofen auf der mittleren Schiene etwa 20 Minuten überbacken und vor dem Servieren mit den Minzeblättchen garnieren.

Schokoladen-Orangen-Auflauf

Zutaten
4 Orangen
etwas Fett für die Form
200 g Zartbitterschokolade
4 Eier
75 g Zucker
2 EL Orangensaft
4 Löffelbiskuits
2 EL Mandelstifte
1 EL Orangenlikör (Grand Marnier)

zartbitter · fruchtig
- Für 4 Personen
- Zubereitungszeit: ca. 1 Std. (davon 25 Min. Backzeit)
- ca. 570 kcal je Portion
- Dazu paßt Zimtreis

1. Die Orangen mit einem scharfen Messer sorgfältig schälen, so daß die gesamte weiße Haut unter der Schale entfernt ist. Die Filets zwischen den Trennwänden herausschneiden und dabei den austretenden Saft auffangen.

2. Eine Auflaufform ausfetten. Die Fruchtfilets zusammen mit dem Saft in die Form geben.

3. Die Schokolade in kleine Stücke brechen, in einen Topf geben und mit 5 Eßlöffeln Wasser bei schwacher Hitze unter Rühren schmelzen lassen.

4. Die Eier trennen. Die Eigelbe zusammen mit dem Zucker in eine Schüssel geben, den Orangensaft hinzufügen und alles mit den Rührbesen des elektrischen Handrührgerätes schaumig schlagen.

5. Die Löffelbiskuits zerbröseln und zusammen mit den Mandelstiften, der geschmolzenen Schokolade und dem Orangenlikör unter die Eiercreme rühren. Die Eiweiße steifschlagen und anschließend vorsichtig unter die Eigelb-Biskuit-Creme heben.

6. Die vorbereitete Masse gleichmäßig über den Fruchtfilets verteilen. Den Auflauf im heißen Ofen auf der mittleren Schiene etwa 25 Minuten backen.

Die Kakaobohnen liefern einen wichtigen Grundstoff für die Schokoladenherstellung – die Kakaobutter. Sie verleiht der Schokolade erst den richtigen Schmelz.

Tips *vom Küchenteam*

- *Der Auflauf läßt sich sehr gut vorbereiten. Rühren Sie die Eigelbmasse an, schlagen Sie die Eiweiße steif, und stellen Sie alles in den Kühlschrank. Vermischen Sie beides erst kurz vor dem Backen und streichen Sie es dann über die Orangen.*
- *Wenn Kinder mitessen, sollten Sie den Orangenlikör weglassen.*

Birnenauflauf mit Schuß

Zutaten

800 g Birnen
3 EL Birnendicksaft
2 EL Zitronensaft
4 Eier
3 EL Zucker
1 Prise Salz
abgeriebene Schale von 1 unbehandelten Zitrone
2 EL Birnengeist (z. B. Williams Christ)
150 g saure Sahne
etwas Fett für die Form

locker · fruchtig

- Für 4 Personen
- Zubereitungszeit: ca. 1 Std. (davon 30 Min. Backzeit)
- ca. 340 kcal je Portion

1. Die Birnen waschen, schälen, vierteln und die Kerngehäuse entfernen. Die Viertel nochmals längs in Spalten schneiden.

2. Den Birnendicksaft, den Zitronensaft und 125 ml Wasser in einen Topf gießen und einmal aufkochen lassen. Die Fruchtspalten hineinlegen und darin etwa 10 Minuten bei schwacher Hitze ziehen lassen.

3. Die Eier trennen. Die Eigelbe zusammen mit dem Zucker und dem Salz in eine Schüssel geben und mit den Rührbesen des elektrischen Handrührgeräts schaumig schlagen. Die Zitronenschale, den Birnengeist und die Sahne anschließend darunterrühren.

4. Die Eiweiße zu steifem Schnee schlagen und unter die Eier-Sahne-Mischung heben. Eine Auflaufform sorgfältig ausfetten. Den Ofen auf 180° C vorheizen. Das gegarte Obst in ein Sieb schütten und etwas abtropfen lassen.

5. Die Hälfte der Birnenspalten in die Form legen und die Hälfte der Creme darauf verteilen. Den Rest der Birnenspalten und der Creme darauf schichten und alles anschließend im heißen Ofen auf der mittleren Schiene etwa 30 Minuten backen.

Tips *vom Küchenteam*

* *Falls Kinder mitessen, sollten Sie den Birnengeist durch 2 Eßlöffel Saft oder Kochflüssigkeit vom Obst austauschen.*
* *Dieser Auflauf läßt sich statt mit Birnen auch mit 800 g Äpfeln oder Quitten zubereiten. Zum Aromatisieren sollten Sie statt des Birnengeists 2 Eßlöffel Calvados verwenden.*

Birnendicksaft

Birnendicksaft wird durch Eindämpfen von Birnensaft gewonnen und ist ein beliebtes Süßungsmittel in der Vollwertküche. Durch das Eindicken des Saftes wird der Vitamingehalt zwar wesentlich reduziert, die Mineralstoffe bleiben jedoch erhalten. Birnendicksaft darf Zucker zugesetzt werden, allerdings muß dieses deklariert sein.

Als Birnenkraut wird der eingedickte Birnendicksaft bezeichnet. Oft findet man auf den Gläsern den Vermerk „extra". Dies bedeutet, daß dem Birnenkraut kein Zucker zugesetzt wurde. Auf die gleiche Weise wie Birnendicksaft und Birnenkraut werden auch Apfeldicksaft und Apfelkraut hergestellt. Sowohl Birnen- als auch Apfeldicksaft eignet sich hervorragend zum Süßen von Desserts. Sollten Sie keinen Birnendicksaft bekommen, können Sie Honig als Ersatz nehmen.

Exotisches Ricotta-Früchte-Gratin

Zutaten

1 Mango (ca. 250 g)
5 Kiwis
1 Banane
2 EL Limettensaft
2 EL Orangenlikör (Grand Marnier)
2 Eier
2 EL brauner Zucker (ersatzweise brauner Rohrzucker)
250 g Ricotta (ungesalzen)
1 1/2 EL Speisestärke
2 EL gehackte Pistazien
etwas Fett für die Form

fruchtig-frisch · für Gäste

- Für 4 Personen
- Zubereitungszeit: ca. 50 Min. (davon 30 Min. Backzeit)
- ca. 280 kcal je Portion

1. Die Mango schälen und das Fruchtfleisch vom Kern abschneiden, danach in mundgerechte Stücke zerteilen. Die restlichen Früchte ebenfalls schälen. Die Kiwis in Stücke und die Bananen in Scheiben schneiden.

2. Das vorbereitete Obst in eine Schüssel geben. Den Limettensaft mit dem Orangenlikör vermischen, die Früchte damit beträufeln und 10 Minuten durchziehen lassen. Den Backofen auf 200° C vorheizen.

3. Die Eier zusammen mit dem Zucker und der Stärke in eine Schüssel geben und mit den Rührbesen des elektrischen Handrührgeräts schaumig schlagen. Den Ricotta eßlöffelweise hinzufügen. Wenn der Käse vollständig untergerührt ist, zuletzt die Hälfte der Pistazien hineinmischen.

4. Eine Gratinform ausfetten und die Früchte darin anordnen. Die Ricottacreme darauf verteilen und das Ganze mit den restlichen Pistazien garnieren. Das Gratin im heißen Ofen auf der mittleren Schiene ungefähr 30 Minuten überbacken.

Grand Marnier

Anfänglich betrachtete man die Liköre eher als Satansgesöff, das aus einer Alchimistenküche kommt. Doch schon bald stellten tüchtige französische Mönche fest, daß mit dem Ansetzen von Likören eine Menge Geld zu verdienen ist. Der Siegeszug des Likörs als „himmlisches Getränk" begann. Und bereits vor 400 Jahren stellte man die Tafelliköre fabrikmäßig her. Einer der bekanntesten französischen Liköre ist der Grand Marnier, der aus Pomeranzen (Bitterorangen) hergestellt und auf der Basis von Cognac destilliert wird. Man erzählt sich, daß der vom Wuchs eher kleine Monsieur Marnier lange nach einem passenden Namen für den Likör suchte, bis ihm ein Freund riet, ihn doch den „Großen Marnier" zu nennen.

Es gibt einen hellen und einen roten Grand Marnier, und beide haben einen Alkoholgehalt von 40 Vol.-%. Pur serviert, schmecken sie zimmerwarm im Schwenker oder kalt auf Eis. Sie eignen sich beide ideal zum Mixen, aber auch zum Aromatisieren von Desserts.

Tips *vom Küchenteam*

- *Bei der Wahl der exotischen Früchte können Sie sich ganz nach dem Marktangebot richten. Sehr gut schmecken auch Papaya, Guave und Lychee.*
- *Sie können das Gratin auch in vier Portionsförmchen backen. Dadurch verkürzt sich die Garzeit um 5 bis 10 Minuten.*

Zutaten

750 g frische Feigen
4 EL spanischer Brandy (Osborne)
6 EL Orangenmarmelade
Saft von 1 Orange
150 g Löffelbiskuits
etwas Fett für die Form
4 Eier
200 g Sahne
4 EL Zucker
1 P. Vanillezucker

Feigenauflauf

einfach · fruchtig-süß

- Für 4 Personen
- Zubereitungszeit: ca. 1 1/4 Std. (davon 40 Min. Backzeit)
- ca. 690 kcal je Portion

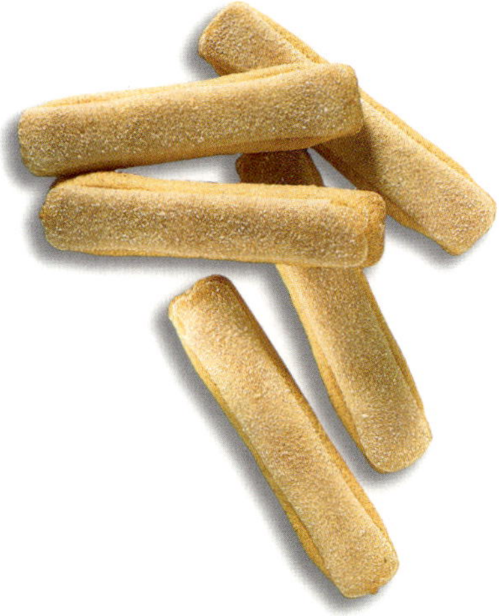

1. Die Haut der Feigen abziehen und die Früchte in Scheiben schneiden. Diese in einer Schüssel verteilen.

2. Die Hälfte des Brandys zusammen mit der Orangenmarmelade und dem -saft in einem Topf unter ständigem Rühren erhitzen und dabei verflüssigen. Diese Mischung noch heiß über die Feigen gießen.

3. Die Löffelbiskuits in einer Schüssel zerbröseln und mit dem restlichen Brandy beträufeln. Eine Form ausfetten. Den Backofen auf 200° C vorheizen.

4. Den Boden der Auflaufform mit Feigenscheiben auslegen und etwa 1/3 der Biskuitbrösel darauf verteilen. So fortfahren, bis Früchte und Gebäck aufgebraucht sind. Die letzte Schicht sollte aus Feigen bestehen.

5. Die Eier zusammen mit der Sahne, dem Zucker und dem Vanillezucker in eine Schüssel geben und mit den Rührbesen des elektrischen Handrührgerätes verquirlen. Diese Mischung über die Feigen gießen und alles im heißen Ofen auf der untersten Schiene etwa 40 Minuten backen.

Tips *vom Küchenteam*

- *Statt der Löffelbiskuits können Sie auch 200 g Reste von Sandkuchen oder 150 g kleine Mandelmakrönchen (Amaretti) nehmen. Beides wird ebenfalls zerbröselt und danach wie im Rezept beschrieben weiterverarbeitet.*
- *Wenn Sie keinen spanischen Brandy bekommen, verwenden Sie ersatzweise einen weichen Weinbrand, italienischen Brandy oder griechischen Metaxa.*

Zutaten

500 g rote Süßkirschen
3 Eier
2 EL Zucker
60 g Mehl
200 ml Milch
etwas Fett für die Form
1 EL Puderzucker

Französischer Kirschenauflauf

für Anfänger · leicht

- Für 4 Personen
- Zubereitungszeit: ca. 1 Std. (davon 35 Min. Backzeit)
- ca. 280 kcal je Portion

1. Die Kirschen waschen, in einem Sieb abtropfen lassen und die Stiele entfernen. Die Früchte entsteinen. Den Backofen auf 220° C vorheizen.

2. Die Eier zusammen mit dem Zucker in eine Schüssel geben und mit den Rührbesen des elektrischen Handrührgerätes verquirlen. Das Mehl und die Milch dazugeben und das Ganze so lange weiterrühren, bis ein fast flüssiger Teig entstanden ist.

3. Eine Auflaufform ausfetten. Die Kirschen darin verteilen und den Teig darübergießen. Den Auflauf im heißen Ofen auf der mittleren Schiene etwa 35 Minuten backen. Nach etwa 20 Minuten Backzeit den Puderzucker darauf sieben und das Gericht danach noch 15 Minuten weitergaren.

Tips *vom Küchenteam*

- *Dieser in Frankreich als „Clafoutis“ bekannte Auflauf schmeckt lauwarm am besten. Im Originalrezept werden übrigens schwarze Kirschen verwendet.*
- *Je nach Saison können Sie den Auflauf auch mit der gleichen Menge Aprikosen, Äpfel, Pfirsiche, Stachelbeeren oder Waldbeeren zubereiten.*
- *Der Teig wird noch aromatischer, wenn Sie 2 Eßlöffel Maraschino hineingeben.*
- *Natürlich läßt sich der Auflauf auch mit tiefgefrorenen oder eingemachten Kirschen zubereiten. Lassen Sie diese in einem Sieb auftauen bzw. abtropfen. Die Zubereitung ändert sich ansonsten nicht.*

Orientalischer Apfel-Reis-Auflauf

Zutaten
300 ml Milch
1 Prise Salz
1 Zimtstange
100 g Rundkornreis
2 mürbe Äpfel
1–2 EL Zitronensaft
50 g ungeschwefelte Rosinen
2 Eier
100 g brauner Zucker (ersatzweise brauner Rohrzucker)
50 g weiche Butter
1 EL Aprikosenkonfitüre
2 EL gemahlene Mandeln
etwas Fett für die Form

fruchtig · gehaltvoll

- Für 4 Personen
- Zubereitungszeit: ca. 30 Min (plus 30 Min. Quellzeit und 30 Min. Backzeit)
- ca. 490 kcal je Portion

1. Die Milch in einem Topf einmal aufkochen lassen. Das Salz, die Zimtstange und den Reis hineinrühren und die Körner darin zugedeckt bei schwacher Hitze etwa 30 Minuten ausquellen lassen.

2. In der Zwischenzeit die Äpfel waschen, schälen und vierteln. Das Fruchtfleisch entkernen und fein raspeln. Die Raspel mit dem Zitronensaft beträufeln. Die Rosinen heiß waschen und trockentupfen.

3. Die Eier und 70 g Zucker in eine Schüssel geben und beides mit den Rührbesen des elektrischen Handrührgeräts gut schaumig rühren. Die Rosinen, die geraspelten Äpfel, 3 Eßlöffel Butter, die Aprikosenkonfitüre und die Mandeln daruntermischen. Den Ofen auf 180° C vorheizen.

4. Die Zimtstange aus dem gegarten Milchreis entfernen und diesen mit der Eier-Zucker-Mischung vermengen. Eine Auflaufform ausfetten.

5. Die Reismasse in die Form füllen. 2 Eßlöffel Butter in Flöckchen daraufsetzen und die restlichen 3 Eßlöffel Zucker auf der Oberfläche verteilen. Den Auflauf im heißen Ofen auf der mittleren Schiene etwa 30 Minuten backen.

Tips *vom Küchenteam*

- *Für einen vollwertigen Auflauf können Sie ungeschälten Rundkornreis (Naturreis) verwenden. Die Garzeit dieses Reises kann jedoch bis zu 1 Stunde betragen. Bitte beachten Sie die Packungsangaben, bzw. machen Sie eine Garprobe.*
- *Statt geraspelter Äpfel können Sie auch gewürfelte, frische Aprikosen in den Auflauf geben.*
- *Wenn keine Kinder mitessen, beträufeln Sie die Äpfel mit etwas Calvados. Das Fruchtaroma wird dadurch noch kräftiger.*

Von A bis Z

Ananas-Quark-Auflauf *109*
Apfel-Kürbis-Gratin mit Nußhaube *108*
Apfel-Reis-Auflauf, Orientalischer *122*
Auberginen-Hackfleisch-Auflauf *29*

Birnenauflauf mit Schuß *116*
Birnendicksaft *117*
Brötchenauflauf mit Pfirsichen *106*
Bücklingsgratin mit Kartoffelbrei *42*
Bulgur *88*
Bulgur-Rüben-Auflauf mit Bergkäse *88*

Champignongratin, Schweizer *34*
Cidre *24*

Eierauflauf, Spanischer *36*
Eier-Mangold-Gratin *70*

Feigenauflauf *120*
Fischgratin mit Sherrysauce *57*
Fisch-Krabben-Auflauf *54*
Fisch-Reis-Gratin mit Kokoskruste *101*
Fleischwurstgratin *26*
Forellenfilets, überbackene *48*
Frühlingsgemüsegratin *72*

Garnelen mit Kräuterhaube *47*
Gemüse-Pfannkuchen-Gratin *81*
Gemüse-Salami-Gratin mit Schafskäse *16*
Grand Marnier *118*
Grapefruit-Mascarpone-Gratin *113*
Grüner Pfeffer *48*
Grünkern-Mozzarella-Gratin mit Tomaten *84*
Gruyère *95*
Gurkenmoussaka *30*

Hackfleisch-Brot-Auflauf, Südafrikanischer *37*
Hähnchengratin, fruchtiges, mit Reis *100*
Hirse-Gemüse-Auflauf *90*

***J**akobsmuscheln* *45*
Jakobsmuscheln, gratinierte *44*

Kabeljaugratin, provenzalisches *40*
Kartoffel-Käse-Gratin *86*
Kartoffel-Krabben-Gratin *102*
Kartoffel-Wirsing-Auflauf *87*
Kirschenauflauf, Französischer *121*
Kohlrabi-Zuckerschoten-Auflauf *69*
Kürbis-Möhren-Auflauf *68*

Lamm-Gemüse-Auflauf *18*
Lammpilaw, mit Datteln und Feigen *98*
Lasagne mit Scholle und Mittelmeergemüse *64*
Lauch-Räucherlachs-Gratin *43*
Lengfisch mit Käsekruste *60*

Maisgrießauflauf, Bündner, mit Speck *103*
Mangold *71*
Matjes-Kartoffel-Auflauf *55*
Meeresfrüchteauflauf *50*
Möhren-Lauch-Gratin mit Leberkäse *23*

Nudelauflauf vom Blech *94*

Papaya-Sellerie-Gratin *78*
Paprikagratin mit Nußkruste *76*
Pastinaken *14*

Ratatouillegratin *80*
Räucherfischauflauf, bunter *58*
Ricotta-Früchte-Gratin, exotisches *118*
Ricotta-Tomaten-Gratin *28*
Rigatoni, überbackene *97*
Rosenkohl-Maronen-Auflauf *73*
Rucola *21*
Rucolagratin mit Geflügelleber und Mozzarella *20*
Rucola-Reis-Gratin *91*
Rübchenauflauf mit Schweinefilet und Gorgonzola *14*

Sauerkraut-Apfel-Auflauf *24*
Schellfisch-Tomaten-Gratin *56*
Schokoladen-Orangen-Auflauf *114*
Seelachs-Gemüse-Gratin mit Nußkruste *62*
Sellerieauflauf mit Roquefort *27*
Senfpulver *79*
Spinat-Schinken-Auflauf *17*
Süßkartoffel-Kohlrabi-Gratin, karamelisiertes *74*
Süßkartoffeln *74*

***T**abasco* *64*
Thunfisch-Gemüse-Gratin *61*
Tomaten-Sprossen-Auflauf *77*
Tortillagratin, mexikanisches *32*

Waldbeeren-Mandel-Gratin *112*
Weißkohlauflauf mit Trauben und Walnüssen *35*
Wirsinggratin mit Hackfleisch und Ziegenkäse *22*
Wirsing-Thunfisch-Gratin *46*

Zucchini-Tortellini-Gratin *96*
Zwetschgenauflauf *110*

Kursiver Begriff = Schlagwort

Für Sie an Feder und Auslöser

Ulrike Bültjer hat den Journalismus von der Pike auf gelernt. Doch Kochen war schon immer ihre große Leidenschaft. Und so wechselte Sie nach mehrjähriger Tätigkeit bei einer Tageszeitung im Bereich „Lokales" ins Kochressort einer großen Frauenzeitschrift. Seit über 10 Jahren arbeitet Sie nun als freie Foodjournalistin und veröffentlichte bereits zahlreiche Bücher zum Thema „Essen und Trinken". Von ihren Reisen rund um den Erdball hat Sie viele kulinarische Ideen mitgebracht, die in ihre Rezepte mit eingeflossen sind.

Ulrich Kerth arbeitete nach dem Abschluß an der Münchner Staatslehranstalt für Fotografie einige Jahre als Reportage- und Reisefotograf für verschiedene Verlage und Zeitschriften. Auf seinen vielen Reisen entdeckte er die Foodfotografie, die inzwischen zu seinem fotografischen Schwerpunkt wurde. Als Fotodesigner ist er auf diesem Gebiet für namhafte Verlage, Zeitschriften und Werbeagenturen tätig und hat bereits zahlreiche Bildbände und Kochbücher veröffentlicht. Darüber hinaus lehrt er als Dozent das Fach „Fotografie" an der Fachhochschule für Industriedesign in München.

Gesucht – gefunden!

Für die schlanke Linie

Apfel-Kürbis-Gratin mit Nußhaube 108
Birnenauflauf mit Schuß 116
Bunter Räucherfisch-auflauf 58
Fischgratin mit Sherry-sauce 57
Fisch-Krabben-Auflauf 54
Fleischwurstgratin 26
Französischer Kirschen-auflauf 121
Frühlingsgemüsegratin 72
Gratinierte Jakobs-muscheln 44
Kartoffel-Wirsing-Auflauf 87
Kürbis-Möhren-Auflauf 68

Lasagne mit Scholle und Mittelmeergemüse 64
Lauch-Räucherlachs-Gratin 43
Papaya-Sellerie-Gratin 78
Provenzalisches Kabeljau-gratin 40
Ratatouillegratin 80
Rucolagratin mit Geflügel-leber und Mozzarella 20
Schellfisch-Tomaten-Gratin 56
Seelachs-Gemüse-Gratin mit Nußkruste 62
Sellerieauflauf mit Roquefort 27
Tomaten-Sprossen-Auflauf 77
Waldbeeren-Mandel-Gratin 112

Hier lacht das Sparschwein

Auberginen-Hackfleisch-Auflauf 29
Brötchenauflauf mit Pfirsichen 106
Bücklingsgratin mit Kartof-felbrei 42
Bündner Maisgrießauf-lauf mit Speck 103
Bunter Räucherfisch-auflauf 58
Eier-Mangold-Gratin 70
Französischer Kirschen-auflauf 121
Grünkern-Mozzarella-Gratin mit Tomaten 84
Hirse-Gemüse-Auflauf 90
Kartoffel-Käse-Gratin 86
Kartoffel-Krabben-Gratin 102
Kohlrabi-Zuckerschoten-Auflauf 69
Matjes-Kartoffel-Auflauf 55
Möhren-Lauch-Gratin mit Leberkäse 23
Nudelauflauf vom Blech 94
Orientalischer Apfel-Reis-Auflauf 122
Schokoladen-Orangen-Auflauf 114

Mit kurzer Vorbereitungszeit

Ananas-Quark-Auflauf 109
Exotisches Ricotta-Früchte-Gratin 118
Grapefruit-Mascarpone-Gratin 113
Ricotta-Tomaten-Gratin 28

Schweizer Champignon-gratin 34
Spinat-Schinken-Auflauf 17
Waldbeeren-Mandel-Gratin 112
Wirsing-Thunfisch-Gratin 46

Raffinierte und exotische Ideen

Bücklingsgratin mit Kartoffel-brei 42
Bulgur-Rüben-Auflauf mit Bergkäse 88
Feigenauflauf 120
Fischgratin mit Sherry-sauce 57
Fisch-Krabben-Auflauf 54
Fisch-Reis-Gratin mit Kokoskruste 101
Fruchtiges Hähnchengratin mit Reis 100
Garnelen mit Kräuter-haube 47
Gemüse-Pfannkuchen-Gratin 81
Gratinierte Jakobs-muscheln 44
Gurkenmoussaka 30
Karamelisiertes Süßkartoffel-Kohlrabi-Gratin 74
Lammpilaw mit Datteln und Feigen 98
Lasagne mit Scholle und Mittelmeergemüse 64

Meeresfrüchteauflauf 50
Nudelauflauf vom Blech 94
Paprikagratin mit Nußkruste 76
Rosenkohl-Maronen-Auflauf 73
Rübchenauflauf mit Schweinefilet und Gorgonzola 14
Rucola-Reis-Gratin 91
Sauerkraut-Apfel-Auflauf 24
Seelachs-Gemüse-Gratin mit Nußkruste 62
Sellerieauflauf mit Roquefort 27
Südafrikanischer Hackfleisch-Brot-Auflauf 37
Überbackene Forellenfilets 48
Weißkohlauflauf mit Trauben und Walnüssen 35
Wirsinggratin mit Hackfleisch und Ziegenkäse 22
Wirsing-Thunfisch-Gratin 46
Zwetschgenauflauf 110

Vegetarische Köstlichkeiten

Ananas-Quark-Auflauf 109
Apfel-Kürbis-Gratin mit Nußhaube 108
Birnenauflauf mit Schuß 116
Brötchenauflauf mit Pfirsichen 106
Bulgur-Rüben-Auflauf mit Bergkäse 88
Eier-Mangold-Gratin 70
Exotisches Ricotta-Früchte-Gratin 118
Feigenauflauf 120
Französischer Kirschenauflauf 121
Frühlingsgemüsegratin 72
Gemüse-Pfannkuchen-Gratin 81
Grapefruit-Mascarpone-Gratin 113
Grünkern-Mozzarella-Gratin mit Tomaten 84
Hirse-Gemüse-Auflauf 90
Karamelisiertes Süßkartoffel-Kohlrabi-Gratin 74
Kartoffel-Käse-Gratin 86
Kartoffel-Wirsing-Auflauf 87
Kohlrabi-Zuckerschoten-Auflauf 69
Kürbis-Möhren-Auflauf 68
Orientalischer Apfel-Reis-Auflauf 122
Papaya-Sellerie-Gratin 78
Paprikagratin mit Nußkruste 76
Ratatouillegratin 80
Rosenkohl-Maronen-Auflauf 73
Schokoladen-Orangen-Auflauf 114
Tomaten-Sprossen-Auflauf 77
Waldbeeren-Mandel-Gratin 112
Zucchini-Tortellini-Gratin 96
Zwetschgenauflauf 110

Internationale Genüsse

Bündner Maisgrießauflauf mit Speck 103
Fruchtiges Hähnchengratin mit Reis 100
Gemüse-Salami-Gratin mit Schafskäse 16
Kartoffel-Krabben-Gratin 102
Lamm-Gemüse-Auflauf 18
Lammpilaw mit Datteln und Feigen 98
Lauch-Räucherlachs-Gratin 43
Mexikanisches Tortillagratin 32
Orientalischer Apfel-Reis-Auflauf 122
Provenzalisches Kabeljaugratin 40
Schweizer Champignongratin 34
Spanischer Eierauflauf 36
Südafrikanischer Hackfleisch-Brot-Auflauf 37
Thunfisch-Gemüse-Gratin 61
Überbackene Rigatoni 97
Weißkohlauflauf mit Trauben und Walnüssen 35
Zucchini-Tortellini-Gratin 96

Ideal für Gäste

Auberginen-Hackfleisch-Auflauf 29
Exotisches Ricotta-Früchte-Gratin 118
Frühlingsgemüsegratin 72
Garnelen mit Kräuterhaube 47
Gratinierte Jakobsmuscheln 44
Gurkenmoussaka 30
Lammpilaw mit Datteln und Feigen 98
Lengfisch mit Käsekruste 60
Meeresfrüchteauflauf 50
Mexikanisches Tortillagratin 32
Nudelauflauf vom Blech 94
Rübchenauflauf mit Schweinefilet und Gorgonzola 14
Wirsinggratin mit Hackfleisch und Ziegenkäse 22

Dieses Buch wurde auf chlorfrei gebleichtem
und säurefreiem Papier gedruckt.

ISBN 978 3 8094 2200 6

Umschlaggestaltung: Atelier Versen, Bad Aibling
Gestaltung: Horst Bachmann
Lektorat: Lore Pötz
Projektleitung für diese Ausgabe: Claudia Markl
Mitarbeit im Küchenteam: Soja Kiel und Gerda Kolatschny
Rezeptfotos: Ulrich Kerth, München
Weitere Fotos im Innenteil: Bildarchiv Huber, Garmisch-Partenkirchen: S. 44/45 (Giovanni) und 19 o. (Schmid); **Bilderberg,** Hamburg: S. 30/31 (Kirchgeßner); **Gisela Kelbert,** Idstein: S. 78/79; **Ulrich Kerth,** München: S. 45 o., 59 o., 64, 79 o., 88, 118, 121 u. und 125 u.; **Reinhard-Tierfoto,** Heiligkreuzsteinach-Eiterbach: S. 20/21, 63 o., 85 o., 106/107, 115 o. und 116/117; **Silvestris Fotoservice,** Kastl/Obb.: S. 8 (Brandl), 70/71 (De Cureland), 99 o. (Janicek), 33 o. (Konrad), 123 o. (Lughofer), 51 o. (Marka), 41 o. (Werner); **StockFood,** München: S. 4, 38/39, 52/53, 82/83, 92/93, 94/95 und 104/105 (S. & P. Eising) und 66/67 (Rosenfeld Images LTD); **tph,** Tutzing: S. 12/13 (ohne Nennung)
FALKEN Archiv: M. Brauner: S. 24, 58/59, 86 u., 107 o., 112 u., 117 o. und 120 u. / **W. Feiler:** S. 34 u., 54 u. und 96 u. / **R. Feuz:** S. 55 u. / **Fotostudio Eichler + Hofmann:** S. 7 / **U. Koop:** S. 10 / **R. Schmitz:** S. 9, 27 u., 76 u., 103 u. und 110 / **T. + E. Creative Fotografie + Styling:** S. 43 u. und 102 u. / **TLC:** S. 6, 14, 21 o., 48, 60 u., 68 u., 69 u., 74, 77 u. und 113 u.
Das Bild auf Seite 125 o. wurde freundlicherweise von Ulrike Bültjer, Hamburg, zur Verfügung gestellt.

Satz-/Lithobearbeitung: DM-SERVICE Mahncke & Pollmeier oHG, Rodgau
Satz für diese Ausgabe: Filmsatz Schröter, München
Druck: Neografia, Martin

Printed in Slovakia

112140102X817 2635 4453 6271